AMERICAN FOOTBAL TOTAL

DAS UMFASSENDE BUCH FÜR FANS, SPIELER UND NEUGIERIGE ALLES ÜBER NFL, SUPERBOWL, TAKTIKEN, SPIELSTRATEGIEN SOWIE KURIOSE FAKTEN INKL. SPIELANALYSE AUS TRAINERSICHT

JONAS KÜRBIS

Bibliografische Information der Deutschen Nationalbibliothek.

Die Deutsche Nationalbibliothek verzeichnet diese Publikation in der Deutschen Nationalbibliografie; detaillierte bibliografische Daten sind im Internet über http://dnb.dnb.de abrufbar.

Für Fragen und Anregungen:
info@eulogiaverlag.de

ISBN print: 978-3-96967-391-1
ISBN eBook: 978-3-96967-392-8

Originale Erstausgabe 2024

Eulogia Verlags GmbH
Gänsemarkt 43
20354 Hamburg

Lektorat: Sandra Pichler
Satz und Layout: Tomasz Dębowski
Cover: Aleksandar Petrovic
Bildnachweis Cover: FGraphix - shutterstock.com

AMERICAN FOOTBAL TOTAL

DAS UMFASSENDE BUCH FÜR FANS, SPIELER UND NEUGIERIGE
ALLES ÜBER NFL, SUPERBOWL, TAKTIKEN, SPIELSTRATEGIEN SOWIE KURIOSE FAKTEN
INKL. SPIELANALYSE AUS TRAINERSICHT

EULOGIA
VERLAG

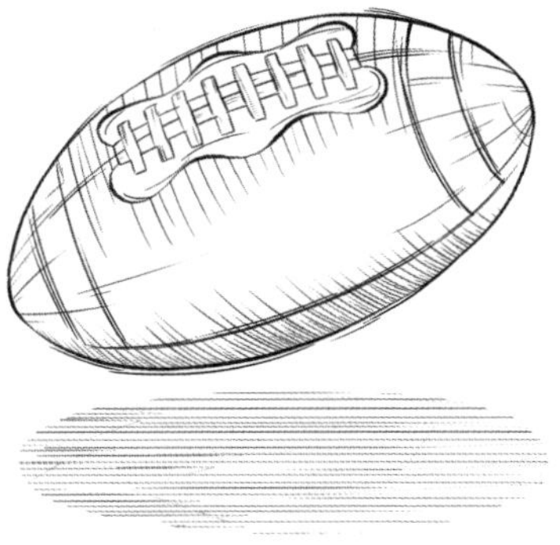

Inhaltverzeichnis

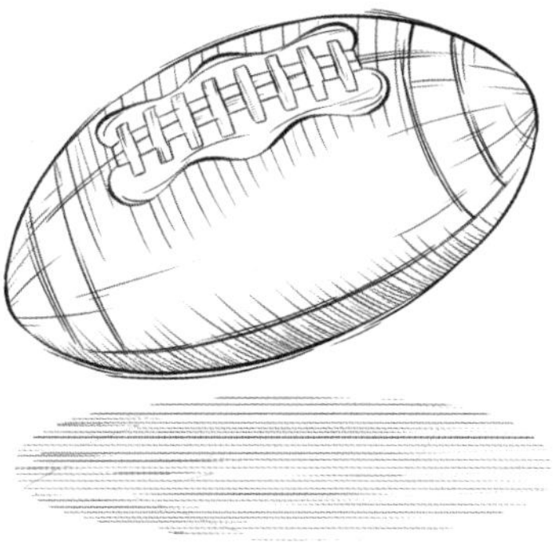

Vorwort

Die taktisch anspruchsvollste Sportart unserer Zeit; gespielt von den besten Athleten der Welt!

So oder so ähnlich beschreibe ich stets American Football, wenn ich von Verwandten oder Freunden gefragt werde, was diese Sportart sei, in die ich seit vielen Jahren den Großteil meiner Zeit investiere.

Bereits mein erster Kontakt mit dem mir damals unbekannten Sport aus Amerika hat mich begeistert und eine seitdem in mir bestehende Leidenschaft geweckt. Als ich in dem kleinen Computerraum meiner damaligen Schule Zeit totschlagen musste, wurde mir ein Video vorgeschlagen, welches erst ein paar Wochen zuvor hochgeladen worden war: das komplette Finalspiel der 2013er College-Football-Saison. Damals hatte ich noch keine Ahnung, wie bedeutend der kleine Bruder der NFL ist, der mit Universitätssport in Deutschland keineswegs zu vergleichen ist.

Obwohl ich die Regeln des Spiels nicht verstanden habe, stellte sich das Spiel als unglaublich mitreißend und interessant heraus und nachdem ich mit dem Video fertig war, habe ich in den nächsten Wochen kaum etwas anderes außer weiteren College-Football-Spielen geguckt.

In den darauffolgenden Jahren erarbeitete ich mir mühsam ein Grundverständnis von den generellen Regeln, den Spielern und Taktiken sowie der Organisation des Sports. Hier geriet ich auch das erste Mal in Kontakt mit der größten American-Football-Liga der Welt, der NFL.

Im Herbst 2017 beschloss ich, einen eigenen YouTube-Kanal zu starten, um eine Plattform zu haben, auf der ich so viel ich will über meine neue Lieblingssportart reden kann. In diesen inzwischen über 6 Jahren, in denen ich fast jeden Tag ein Video hochgeladen habe, hat sich, sowohl im Bereich des American Football als auch auf meinem Kanal, viel entwickelt. Meine YouTube-Präsenz umfasst inzwischen ungefähr 25.000 Abonnenten und konnte über 10 Millionen Videoaufrufe erzielen. Seit einigen Jahren spiele ich nun bereits selbst aktiv American Football, in der letzten Saison sogar in der höchsten deutschen Liga, der GFL. Es finden 2023 bereits zum zweiten Jahr in Folge NFL-Spiele in Deutschland statt.

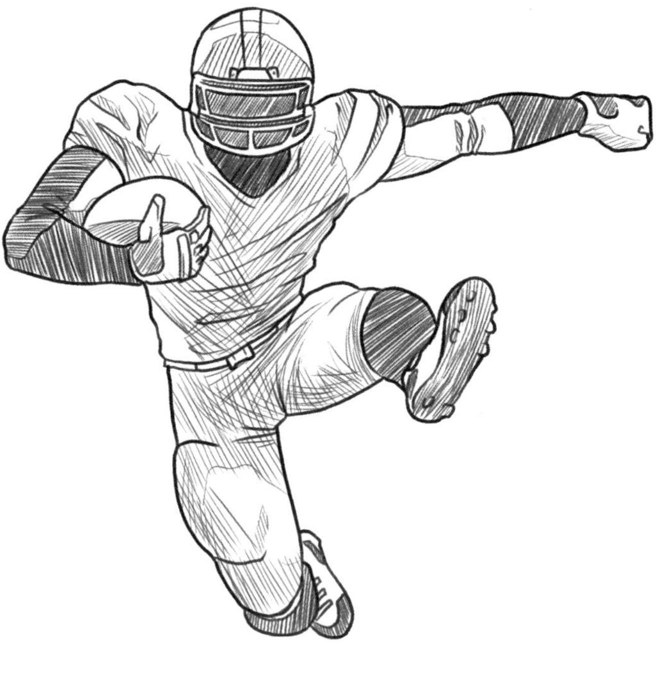

Die Begeisterung für die hierzulande einst unbekannte Sportart ist so groß wie nie – und täglich gewinnt American Football neue Fans dazu.

Dieses Buch dient dazu, sich nun leichter mit der Entstehung, den Regeln, Abläufen, Taktiken und Besonderheiten dieses faszinierenden Sports vertraut zu machen.

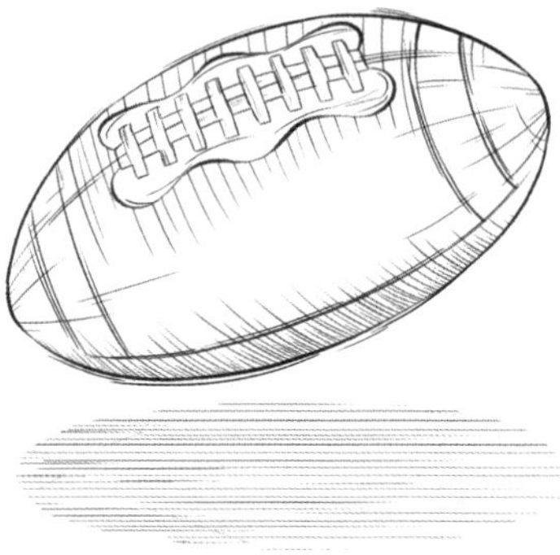

Einleitung

Ein komplettes Verständnis des Spielgeschehens aufzubauen, dauert länger als ein paar Wochen und erfordert mehr als das Lesen eines Buches (selbst wenn es ein so unglaubliches ist wie dieses hier).

Jedoch reicht den meisten Leuten ein grobes Verständnis, um die Begeisterung für American Football zu wecken und sie dazu zu bewegen, sich immer tiefer mit dem Sport zu befassen. Dieses Buch soll dir neben einem groben Grundverständnis einzelne tiefere taktische Tricks und Kniffe näherbringen. Das erleichtert es einem zukünftig, sich mit spezielleren Fragen und Gebieten zu beschäftigen, und bietet die Grundlage für die Entwicklung eigener Meinungen, Vorlieben und kritisches Denken auf jedem Level des American Football.

Dadurch öffnet sich die Tür in eine Welt des Sports, die auch durch eine einzigartige Community begeistert. Gerade in Deutschland, Österreich und der Schweiz, wo American Football und die Mainstream-Vermarktung der NFL noch verhältnisweise neu ist, hat sich eine Gemeinschaft von Interessierten gebildet, die die Entwicklung außerhalb der USA nicht nur verfolgt, sondern vor allem auch aktiv mitgeprägt hat.

In kaum einer anderen Sportart gibt es eine so enge Fangemeinschaft, die versucht, am gleichen Strang zu ziehen, um die Entwicklung und Darstellung einer Sportart so nach vorne zu treiben. Das ist, zusammen mit dem eigenen Reiz des American Football an sich, Grund genug, um sich näher mit der Sportart zu beschäftigen und Teil der deutschsprachigen American-Football-Familie zu werden!

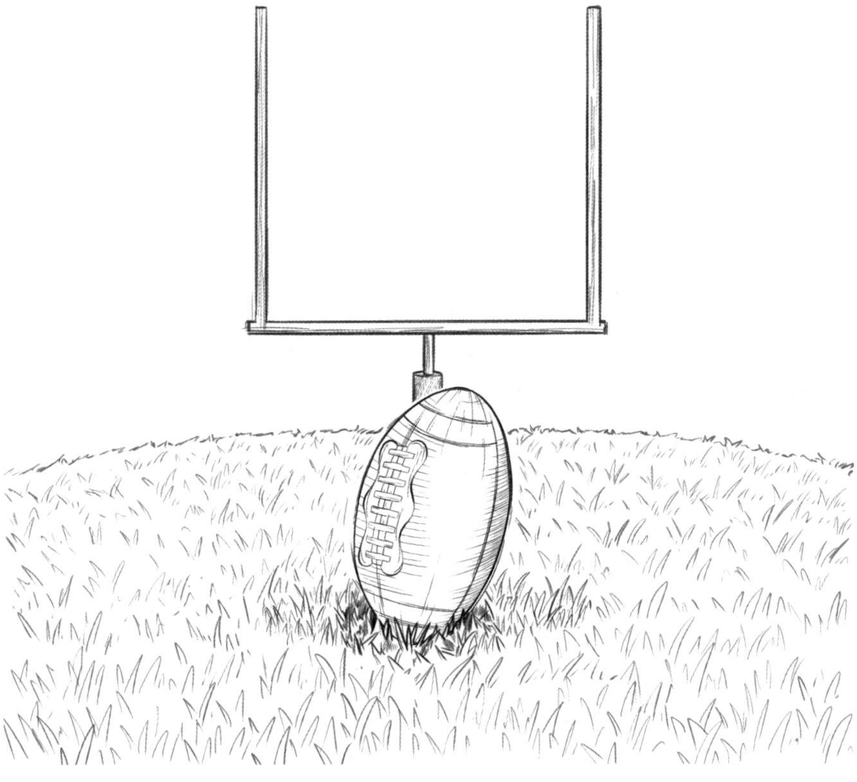

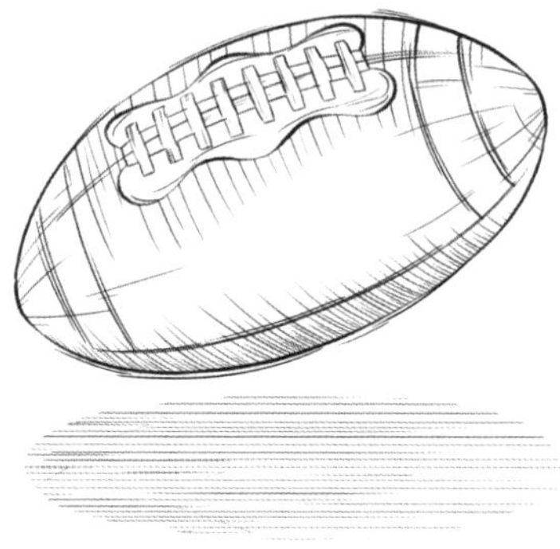

Kapitel 1
Die Geschichte und Entwicklung des American Football

Wie bei so vielen anderen Angelegenheiten, lässt sich beim American Football kein komplett klar definierter Ursprungspunkt festlegen. Es handelt sich um eine Sportart, in der selbst heutzutage noch nahezu jedes Jahr Regeln geändert, angepasst und abgewandelt werden.

Auf der anderen Seite ist es nicht schwer, die Vorgänger und älteren Geschwister des American Football zu erkennen: Fußball und Rugby. Allerdings lässt sich selbst hier nicht von einer klaren linearen Entwicklung der Sportart aus Fußball und Rugby sprechen; vielmehr haben alle drei die gleichen Vorfahren und entwickelten sich parallel auf verschiedenen Wegen weiter.

Klar ist jedoch, wo die Entwicklung des American Football in die bedeutendste Phase eingeleitet wurde. Im 19. Jahrhundert wurden an vielen amerikanischen Universitäten diverse Ballspiele gespielt, deren Ursprung in mittelalterlichen Ballsportarten, oft als ‚Mob Football' bezeichnet, lagen. Im Gegensatz zu modernen Sportarten gab es damals erstaunlich wenig Regeln. So war zum Beispiel die Teilnehmerzahl zu Beginn nicht begrenzt und es fanden regelmäßig unübersichtliche Spiele mit großen Menschenmengen statt. Daher der Bestandteil ‚Mob' (engl. für ‚Meute' oder ‚Menge') im Namen dieser Sportarten.

Während in England eine Entwicklung dieser Spiele zu den heutigen Sportarten Rugby und Fußball stattfand, bildeten sich an den Universitäten der Vereinigten Staaten mehrere Abwandlungen des Sports. Erste Berichte erwähnen bereits in den 1820er Jahren Ballspiele an den Universitäten Princeton und Harvard, die wichtige Bausteine auf dem Weg zum heutigen American Football werden sollten. In Princeton dominierte eine Sportart, die ‚Ballown' (engl. ‚Ballbesitz') genannt wurde. In Harvard existierte sogar eine Tradition, die als ‚Bloody Monday' (engl. für ‚blutiger Montag') bekannt war. Das war der Name für ein Spiel, in dem die ‚Freshmen' (Studierende in ihrem ersten Studienjahr) gegen die ‚Sophomores' (Studierende in ihrem zweiten Studienjahr) antraten. Wie der Name des Events andeutet, handelte es sich dabei höchstwahrscheinlich nicht um ein harmonisches Miteinander. So erwähnt ein Gedicht über den ersten ‚Bloody Monday' eine Vielzahl verletzter Schienbeine. Der ‚Harvard Crimson', die Universitätszeitung, beschreibt das Geschehnis im Nachhinein als Freifahrtschein für jegliche Arten von Gewalt, die den Ball im Spiel schnell beinahe vergessen lassen. Durch die wenigen Regeln und die tolerierte Gewalt gerieten Sportarten dieser Art bald ins Auge der Öffentlichkeit außerhalb der Universitäten. An manchen Orten wurden Events wie der ‚Bloody Monday' verboten, weshalb es mancherorts Jahrzehnte dauerte, bis die Vorgänger des heutigen American Footballs wieder an die Hochschulen zurückkehrten.

In den 1860er Jahren gab es dann neue Fortschritte. Sowohl an vielen Universitäten der USA als auch in Clubs in Kanada fand ein Schub zu einem Spiel statt, das erstmals mehr Rugby als Fußball ähnelte. Trotz dieses Wandels wurden die weithin als ‚ersten College-Football-Spiele' anerkannten Wettkämpfe noch mit dem Fuß ausgetragen. Die Rutgers- und die Princeton-Universität spielten als Erstes. Sie trugen jeweils ein Heimspiel aus, das nach ihren eigenen, teilweise unterschiedlichen Regeln gespielt wurde. Beide Colleges gewannen ihr Heimspiel. Kurze Zeit später wurden weitere Spiele gegen die Columbia-Universität ausgetragen. Innerhalb kürzester Zeit gab es viele Hochschulen, die eigene Mannschaften stellten und Spiele absolvierten.

Auf einer gemeinsamen Regel-Konferenz einigte sich ein Großteil der Colleges auf einen Grundsatz allgemeiner Regeln. Diese Regeln schufen ein Spiel, welches nach wie vor eher an Fußball als an Rugby erinnerte. Eine der Universitäten, die sich gegen diese gemeinsamen Regeln wehrte, war die renommierte Harvard-Universität, die auf ihrem eigenen Regelsatz beruhte und an einem Spiel festhielt, welches als ‚Boston-Spiel' bekannt war. Dadurch wurde es in den folgenden Jahren immer schwieriger, Gegner zu finden, die bereit waren, auf die Einhaltung der allgemein geltenden Regeln zu verzichten und nach Harvards Vorlieben zu spielen.

Im Jahre 1874 fand sich jedoch eine Hochschule, die bereit war, sich auf eine Zwei-Spiele-Serie mit Harvard einzulassen: die McGill-Universität, die 1821 in der kanadischen Großstadt Montreal gegründet wurde.

Jede Mannschaft bestimmte die Regeln für ihr Heimspiel. Harvard gewann das eigene Heimspiel. Im Rückspiel, welches nach Rugby-Vorschriften in Québec gespielt wurde, konnte kein Gewinner ermittelt werden, da es beiden Mannschaften nicht gelang, Punkte zu erzielen.

Trotz dieses eher langweiligen Ergebnisses hatten viele Entscheidungsträger der Harvard-Universität Gefallen an den ungewohnten Regeln gefunden. Auch das Nutzen eines ‚Versuchs' als Möglichkeit, Punkte zu erzielen, sagte ihnen zu.

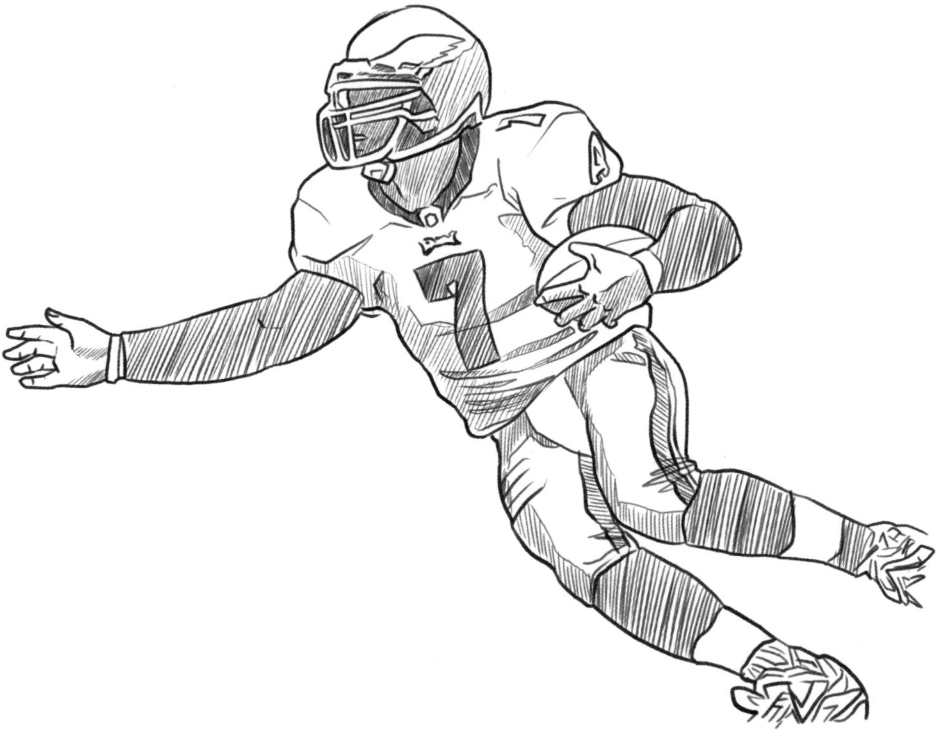

In den folgenden Jahren übernahm Harvard viele der Rugby-Vorschriften in das eigene Regelwerk. Nach Tests gegen die Tufts-Universität, die ebenfalls in der Gegend von Boston gelegen ist, kam es zum ersten Aufeinandertreffen der Universitäten Harvard und Yale. Man einigte sich auf sogenannten ‚Concessionary Rules' (engl., so gut wie ‚Entgegenkommende Regeln'). Sie waren, wie der Name schon sagt, eine Mischung aus den Regelwerken der beiden Hochschulen. So entstand eine Kombination aus dem fußballähnlichen Yale-Regelwerk und dem moderneren, an Rugby angelehnten Regelwerk der Harvard-Universität. Die Spiele zwischen Yale und Harvard bildeten in den nächsten Jahren den Grundstein für eine Rivalität zwischen den beiden

Einrichtungen. Selbst heute findet noch jedes Jahr das Duell unter dem Namen ‚The Game' (engl. für ‚das Spiel') statt.

Einer der geschätzt 2000 Zuschauer der ersten Auflage von ‚The Game', war niemand anderes als einer der, retrospektiv betrachtet, bedeutsamsten Männer in der Entwicklung des American Football: Walter Camp.

Camp, der ein Jahr nach dem ersten Spiel der beiden Rivalen sein Studium an der Yale-Universität aufnehmen sollte, war von Anfang an begeistert von der Dynamik und Intensität der neuen Sportart. Dieses Interesse, gepaart mit einem Bedürfnis, Yale – im Gegensatz zum Debut – in Zukunft siegreich zu sehen, entfachte eine Leidenschaft in ihm.

Der sportaffine Student brachte sich von Anfang an in Konventionen ein, in denen Regeländerungen und weitere Aspekte des Sports besprochen wurden. Auch nachdem seine ersten Anträge abgelehnt wurden, ließ er nicht nach und etablierte so 1880 die ersten bedeutsamen Regelanpassungen, die bis heute unverändert blieben. Zuerst sprach er sich dafür aus, die Spieleranzahl von fünfzehn auf elf herabzusetzen. Dadurch sollte sich ein offeneres Spiel mit mehr aufregenden Momenten gestalten, in dem Schnelligkeit nun eine größere Bedeutung als Stärke hatte. Die zweite wichtige Neuerung war die Einführung einer ‚Line of Scrimmage' (engl. für ‚Linie des Gedränges'), die dafür sorgen sollte, einen geregelteren und übersichtlicheren Drang nach vorne zu erzeugen.

Auch wenn die Grundbausteine seiner Regeländerungen sehr wichtig und klug durchdacht waren, waren sie natürlich nicht von Beginn an komplett ausgereift. So musste Camp feststellen, dass seine ‚Line of Scrimmage'-Regel von manchen Universitäten ausgenutzt wurde, um mit jedem Lauf den Ball ein winziges bisschen nach vorne zu bewegen, wodurch eine neue Linie für den nächsten Versuch etabliert wurde. Dadurch gelang es manchen Mannschaften, den Ball über nahezu das gesamte Spiel in den eigenen Reihen zu halten. Eine Regel, die für mehr Punkte und Aufregung im Spiel sorgen sollte, legte den Spielfluss beinahe komplett lahm.

Dies wiederum führte zu einer der großen Regeländerungen, die die Sportart endgültig von ihrer Ursprungssportart Rugby ablöste: die Down-and-Distance-Regel (engl., so gut wie ‚Versuch und Distanz'). Hauptpunkt dieser war, dass der Ball innerhalb von drei Versuchen (‚Downs') mindestens fünf Yards nach vorne bewegt werden muss. Heutzutage sind die Werte ein wenig angepasst, aber später mehr dazu.

Nach der Einführung eines legalen Passes nach vorne einige Jahre später waren Camps drei Hauptregeln in Kraft. Nun war eine klare Abgrenzung zwischen Rugby und American Football zu erkennen. Spätestens mit dem Etablieren eines legalen Blockens für seine Mitspieler während des Spielzuges war jedem klar, dass es sich bei dieser neuen, moderneren Sportart nicht um einen Abzweig von Rugby, sondern um einen komplett neuen Sport handelte.

In den letzten Jahren vor der Jahrhundertwende gab es mehrere kleinere Regelanpassungen und das Punkte-System wurde mehrfach überarbeitet. In dieser Zeit bildete sich eine Vielzahl neuer College-Football-Teams und mehrere heutzutage aktive College-Football-Rivalitäten stammen aus dieser Zeit. Nachdem mit der ‚Western Conference' die Liga, die später zur heutigen ‚Big Ten' werden sollte, schon bestand, gründeten sich in den 1890er Jahren die Anfänge der heutigen SEC und ACC, zwei der größten Ligen des College Footballs. Der Sport erfreute sich immer größer werdender Beliebtheit.

Anfang des 20. Jahrhunderts wurde die Euphorie um den neuen Nationalsport jedoch getrübt. Auch wenn ein gewisses Maß an Gewalt einen Teil des Reizes ausmachte, war die vorherrschende Meinung, dass American Football in seiner aktuellen Form zu brutal sei. Zu dieser Zeit gab es jährlich mehrere Todesfälle auf dem Platz, die in fast allen Fällen auf erlittene Gehirnerschütterungen zurückzuführen waren.

Um über Änderungen am Spiel abstimmen und beschlossene Neurungen durchführen zu können, bildete sich Ende des Jahres 1905 der Athletik-College-Verband, der heute als NCAA (National Collegiate Athletic Association) bekannt ist. Eine der ersten Ergänzungen, die auf einer der Sitzungen beschlossen wurde, war die bereits erwähnte Legalisierung eines einzelnen Passes nach vorne pro Spielzug. Obwohl diese zusätzliche Option, den Ball zu bewegen, zuerst nicht viel genutzt wurde, gilt der Regelzusatz heute als einer der wichtigsten Momente der American-Football-Geschichte. Eine weitere wichtige Entscheidung, die für weniger Verletzungen sorgen sollte, war das Verbot von Massenformationen, in denen mehrere Spieler die Arme verhakten und als gemeinsame ‚Mauer' funktionieren sollten.

Über die erste Hälfte des 20. Jahrhunderts fanden die meisten bedeutenden Regeländerungen und generell Innovationen des Sports noch zuerst auf dem Universitätslevel statt.

Doch so langsam begann die Entwicklung einer neuen – und heutzutage der größten – Bühne des American Football: die NFL.

Als erster professioneller Footballspieler gilt heutzutage Pudge Heffelfinger.

Bereits Ende des 19. Jahrhunderts wurden ihm, in aller Heimlichkeit, 500 Dollar gezahlt, damit er für den ‚Pittsburgh Athletic Club' auflief. In den frühen Zeiten von American-Football-Teams, die sich unabhängig von Universitäten organisierten, galt es als unsportlich und unehrenhaft, Geld dafür anzunehmen, den Sport auszuüben. In den folgenden Jahren bekannten sich immer mehr Spieler dazu, Geld mit American Football verdient zu haben. Es dauerte nicht lange, bis es erste Mannschaften gab, in denen jeder Spieler Geld bekam.

1898 wurde in Chicago der ‚Morgan Athletic Club' gegründet, welcher später zu den Chicago Cardinals wurde, die nach Umzügen nach St. Louis und anschließend in die Metropolregion Phoenix zu den Arizona Cardinals wurden. Diese sind auch heute, 125 Jahre später, noch aktiv und damit die älteste permanent aktive Football-Mannschaft der Welt.

Die erste bekannte professionelle Football-Liga nahm 1902 als ‚National Football League' ihren Betrieb auf. Trotz des gleichen Namens hatte diese Liga nichts mit der heutigen NFL zu tun.

1920 war es so weit. In einem Autohaus in Canton (Ohio) wurde die ‚American Professional Football Association' (APFA) gegründet und der ehemalige Spieler Jim Thorpe zum ersten Präsidenten gewählt. Zwei Jahre später änderte sich der Name der Liga zu ‚National Football League' (NFL), da es die ursprüngliche Liga gleichen Namens nicht mehr gab.

Die Gründungsteams der Liga waren die Akron Pros, die Buffalo All-Americans, die Canton Bulldogs, die Chicago Tigers, die Cleveland Indians, die Columbus Panhandles, die Dayton Triangles, die Decatur Staleys, die Detroit Heralds, die Hammond Pros, die Muncie Flyers, die Racine (Chicago) Cardinals, die Rochester Jeffersons und die Rock Island Independents. In der Anfangszeit der Liga gab es nicht wie heute feste Strukturen, sondern es war stattdessen vielmehr eine grobe Vereinbarung zwischen den Teams, innerhalb einer Saison gegeneinander zu spielen und am Ende gemeinsam einen Gewinner bekannt zu geben. Nur vier Teams spielten ihren kompletten Spielplan und beendeten die Saison. Im folgenden Jahr vergrößerte sich die Liga durch das Hinzukommen vieler neuer Teams, darunter den Green Bay Packers, welche bis heute bei ihrem Namen bleiben und damit das älteste Team sind, welches seinen Namen nie geändert hat.

Dadurch, dass Teams in der NFL in der Regel nicht an Städte gebunden sind, ergeben sich viele kuriose Umzüge und Namensänderungen, doch zu den Details an anderer Stelle mehr. So ergab es sich aber zum Beispiel, dass die Decatur Staleys 1921 an den damaligen Spieler-Trainer George Halas verkauft wurden, der mit dem Team im selben Jahr nach Chicago zog. Die Liga gewann und änderte im darauffolgenden Jahr den Namen zu ‚Chicago Bears'. Ein weiteres Team, welches seit über 100 Jahren den gleichen Standort und Namen pflegt.

In den folgenden Jahren und Jahrzehnten wuchs die NFL stetig. Immer neue Teams schlossen sich der Liga an. Es wurden Neuerungen im Prozess der Zusammenstellung der Mannschaften entwickelt, um ein sportliches Gleichgewicht zwischen den Teams zu bewahren. So fand 1936 das erste Mal ein ‚Draft' (engl. für ‚Einberufung') von College-Spielern statt; ein System, welches bis heute besteht.

1959 bildete sich das erste Mal ein erstzunehmender Konkurrent für die inzwischen schon etablierte Football-Liga: die American Football League (AFL). Obgleich es bereits der vierte Versuch war, eine Konkurrenzliga unter dem Namen AFL aufzumachen, hob sich dieser Versuch deutlich von den vorherigen ab. Durch die Zusammenarbeit vom Geschäftsmann Lamar Hunt und dem hoch angesehenen ehemaligen Gouverneur von South Dakota Joe Foss konnte die junge Liga auf gut strukturierte und zukunftsorientierte Führung bauen. Es dauerte nicht lange, bis die NFL und AFL um vielversprechende College-Athleten kämpfen mussten, und so wurde etwa die Hälfte der NFL-Erstrunden-Draftwahlen aus dem Jahr 1960 von der AFL abgeworben.

Die NFL musste einsehen, dass sie die neue, aufstrebende Liga nicht unterdrücken konnte, und so einigten sich die NFL und AFL 1966 auf einen gemeinsamen Draft und ein Finalspiel zwischen den beiden Ligen, die ‚AFL-NFL World Championship', welches zwei Jahre später in ‚Superbowl' umbenannt wurde.

1970 verschmolzen die beiden Ligen endgültig zu einer gemeinsamen, welche unter dem Namen NFL weitergeführt wurde. Viele der übernommenen Vorteile der AFL gelten bis heute als wichtige Innovationen im Bereich des American Football, so zum Beispiel das Aufführen von Spielernamen auf dem Rücken der Trikots und abgeschlossene Fernsehverträge für die Übertragungen der Spiele.

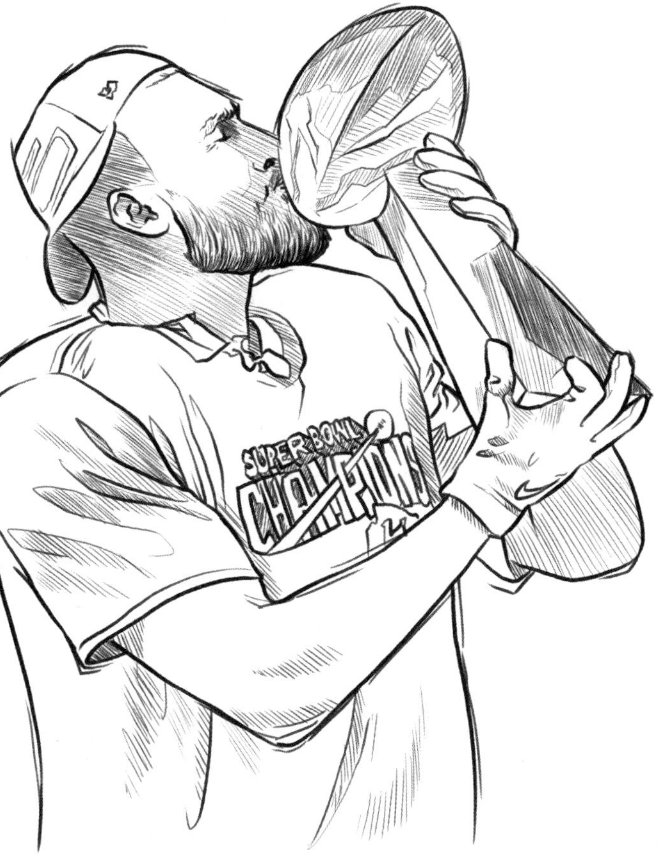

Heutzutage besteht die National Football League aus 32 Teams (Franchises). Die einzigen beiden Teams, die Gründungsmitglieder der NFL (damals noch APFA) waren und heute noch aktiv sind, sind die Chicago Bears (ursprünglich Decatur Staleys) und die Arizona Cardinals (damals Racine (Chicago) Cardinals). Die Green Bay Packers existierten bereits vor Gründung der Liga, schlossen sich ihr allerdings erst ein Jahr später an. Das nächste heute noch aktive Team, welches der Liga beitrat, waren die New York Giants in 1925. Anschließend folgten die Detroit Lions (1930 als Portsmouth Spartans) und die Washington Commanders (1932 als Boston Braves). 1933 gab es zwei neue Teams, die sich der Liga angeschlossen haben, als sowohl die Philadelphia Eagles als auch die Pittsburgh Steelers (als Pittsburgh Pirates) beitraten. Die Los Angeles Rams gaben 1937 (als Cleveland Rams) ihr NFL-Debut. 1950 gewann die Liga die Cleveland Browns sowie die San Francisco 49ers dazu. Beide Teams hatten vorher in einer anderen Liga, der ‚All-American Football Conference', gespielt, welche nur drei Jahre existierte.

Die letzten fünf Teams, die sich der NFL anschlossen, bevor sie 1970 mit der AFL verschmolz, waren die Indianapolis Colts (1953 als Baltimore Colts), die Dallas Cowboys (1960), die Minnesota Vikings (1961), die Atlanta Falcons (1966) und die New Orleans Saints (1967).

Die Vereinigung der AFL und NFL in 1970 brachte zehn AFL-Teams in die neue Liga. Die Kansas City Chiefs (gegründet 1960 als Dallas Texans), die Los Angeles Chargers (als San Diego Chargers, gegründet 1960 als Los Angeles Chargers), die Denver Broncos (gegründet 1960), die New York Jets (gegründet 1960 als Titans of New York), die New England Patriots (als Boston Patriots, gegründet 1960), die Las Vegas Raiders (als Oakland Raiders, gegründet 1960), die Tennessee Titans (als Houston Oilers, gegründet 1960), die Buffalo Bills (gegründet 1960), die Miami Dolphins (gegründet 1966) und die Cincinnati Bengals (gegründet 1968).

Fünf der sechs verbleibenden Teams waren gewöhnliche Expansionsteams, die die Liga nach und nach auffüllten. 1976 kamen mit den Tampa Bay Buccaneers und den Seattle Seahawks gleich zwei Teams gleichzeitig dazu. Ebenso zeitgleich wurden 1995 die Carolina Panthers und Jacksonville Jaguars hinzugefügt. Das jüngste NFL-Team sind die Houston Texans, welche 2002 gegründet wurden und die Liga auf ihre heutige Anzahl von 32 ergänzten.

Eine Besonderheit bilden die Baltimore Ravens, die theoretisch als Expansionsteam, gegründet in 1996, geführt werden. Ganz so simpel wie bei den anderen Expansionsteams war es in diesem Fall jedoch nicht. 1995 wollte Art Modell, der damalige Besitzer der Franchise, dass sein Team nach Baltimore umzieht. Nach Diskussionen mit der Stadt Cleveland und Fans des Teams entschloss man sich für einen Kompromiss. Art Modell wurde gestattet, ein neues Team in Baltimore zu gründen und sämtliche Verträge mit Spielern, Trainern und Betreuern beizubehalten. Der Teamname der Browns, die Geschichte, die Trainingsstätte und Ähnliches würden allerdings bestehen bleiben. Das Spielgeschehen in Cleveland wurde für drei Jahre ausgesetzt und der Kader des Teams durch einen sogenannten Expansionsdraft neu gebildet. Offiziell sind also die Baltimore Ravens ein Expansionsteam und die Cleveland Browns nicht, während es faktisch jedoch genau andersherum abgelaufen ist.

Heute besteht die NFL aus 32 Teams, die in zwei Hälften eingeteilt sind: die National Football Conference (NFC) und die American Football Conference (AFC). Es finden in der regulären Saison Spiele gegen Teams aus beiden Konferenzen statt, in den

Playoffs gibt es allerdings getrennte Seiten, sodass der Gewinner der AFC-Playoffs im Superbowl gegen den Gewinner der NFC-Playoffs antritt. Innerhalb der AFC und NFC gibt es noch jeweils vier Abteilungen, die Divisions genannt werden. Diese werden jeweils mit West, Ost, Süd und Nord benannt, auch wenn diese Einteilung, bedingt durch Umzüge einzelner Teams, teilweise nicht mehr 100 % Sinn ergibt.

Während ein Großteil der Gegner von Saison zu Saison wechselt, spielt jedes Team gegen die drei anderen Mannschaften innerhalb der eigenen Abteilung jedes Jahr zwei Mal, sodass sich dadurch kleinere und größere Rivalitäten innerhalb einzelner Divisions gebildet haben, auch dazu jedoch an anderer Stelle mehr.

Der Wert einzelner NFL-Franchises und der Liga insgesamt steigt von Jahr zu Jahr an. Die Einschaltquoten werden von Jahr zu Jahr höher. Die NFL begeistert von Jahr zu Jahr mehr Leute außerhalb der USA und der Superbowl wird von Jahr zu Jahr ein größeres weltweites Event.

Der NFL geht es besser denn je zuvor.

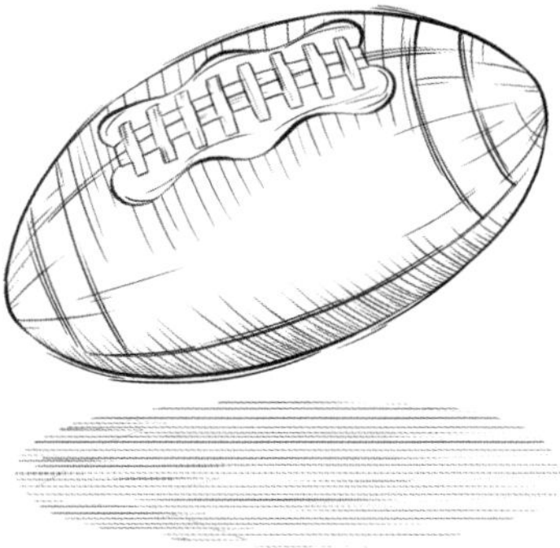

Kapitel 2

Meilensteine im American Football

In Kapitel 1 werden bereits einige bedeutende Personen des American Football und seiner Entstehung sowie Entwicklung hervorgehoben. Doch über die inzwischen deutlich über 100 Jahre seines Bestehens gab es noch viele weitere Visionäre, Teams und Meilensteine, auf die in diesem Kapitel näher eingegangen wird.

Die NFL Hall of Fame ist eine Art Football-Museum, in das nur die besten Spieler aller Zeiten aufgenommen werden. Dies gilt als höchste Ehre, die einem Footballspieler zuteilwerden kann.

Kein einzelnes Buch kann der Masse an wichtigen Football-Persönlichkeiten gerecht werden und deshalb möchte ich von Anfang an festhalten, dass ich hier nur einige meiner Meinung nach wichtige Coaches, Spieler und Mannschaften hervorhebe. Bei bedeutenden Spielern der NFL-Geschichte habe ich mich darauf beschränkt, für jede Position höchstens drei zu nennen, und habe mich im Zweifel für eher aktuelle Spieler entschieden. Bei Angaben wie der Anzahl der Wahlen in das All-Pro-Team kann es zu Diskrepanzen mit anderen Aufführungen kommen, da es verschiedene Instanzen gab und gibt, die All-Pro-Teams ernennen. Im Zweifel wird sich hier auf die Angaben der *Pro Football Hall of Fame* bezogen.

TEAMS:

1962 Green Bay Packers

Die 1962 Packers gelten bis heute als eins der dominantesten Teams in der Geschichte der NFL. In der damaligen Saison von 14 Spielen schafften es die Packers, auf 50 Takeaways und ein Punkteverhältnis von 415 zu 148 zu kommen. Packers-Legenden wie Bart Starr und Ray Nitschke verhalfen dem vom legendären Vince Lombardi gecoachten Team zum Erfolg. Das Team beendete seine reguläre Saison mit nur einer Niederlage (gegen die Detroit Lions) und gewann das NFL Championship Game mit 16 zu 7 gegen die New York Giants. Green Bays Running Back Jim Taylor wurde zum MVP, dem ‚Most Valuable Player' (engl. für ‚Wertvollster Spieler') der Liga gekürt.

Ein Takeaway ist ein erzwungener Ballbesitzwechsel durch die Defense.

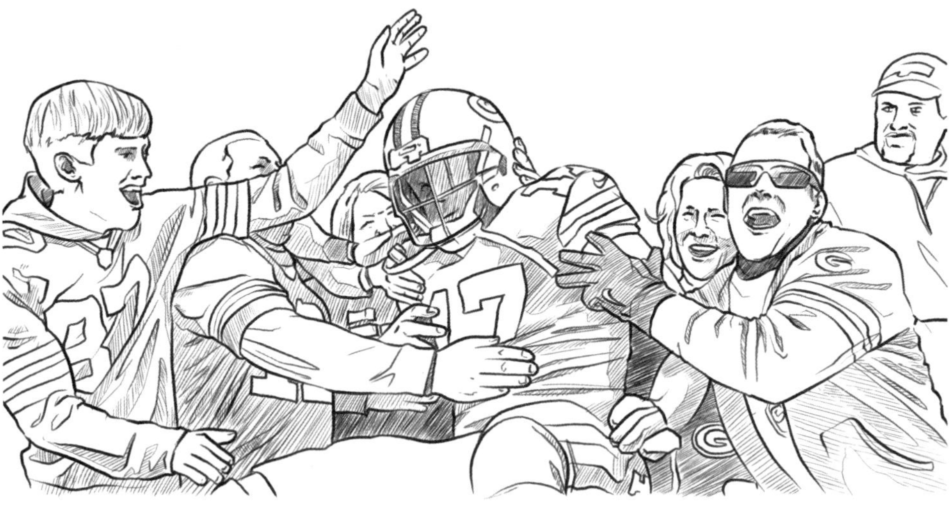

1971 Minnesota Vikings – The Purple People Eaters

Die Farbe Lila ist historisch betrachtet nicht wirklich furchteinflößend. Bei einer bestimmten Gruppe von Personen könnte sie jedoch eine der meistgefürchtetsten Farben überhaupt sein: NFL-Quarterbacks der 1970er Jahre. Sie bekamen es regelmäßig mit der Defensive Line der Vikings dieser Zeit zu tun, die hauptsächlich aus Alan Page, Carl Eller, Jim Marshall und Gary Larsen, der später durch Greg Sutherland ersetzt wurde, bestand. 1971 war die dritte Saison in Folge, in der die Vikings Defense die wenigsten Punkte der Liga erlaubte. Defensive End Carl Eller wurde zum defensiven Spieler des Jahres gewählt und Defensive Tackle Alan Page wurde zum ersten defensiven Spieler, der zum NFL-MVP gekürt wurde. Die Vikings beendeten die Regular Season 13-3 und schieden in den Playoffs gegen die zukünftigen Superbowl-Sieger Dallas Cowboys aus.

1972 Miami Dolphins

Das einzige Team, welches komplett ungeschlagen durch eine NFL-Saison marschierte: die 1972 Miami Dolphins! Sie erzielten 385 Punkte – die meisten in der Liga und 18 mehr als das Team mit der zweitbesten Offense. Gleichzeitig ließen sie nur 171 Punkte zu, vier Punkte weniger als die Steelers, und damit die wenigsten der Liga. Beeindruckender wird das Ganze noch, wenn man weiß, dass Head Coach Don Shula in neun Spielen der Saison auf Starting Quarterback Bob Griese verzichten musste, der die Offense erst kurz vor den Playoffs wieder übernehmen konnte. Dort gewannen die Dolphins mit ihrer ‚No-Name Defense' (die so betitelt wurde, weil die Offense die Schlagzeilen dominierte) zuerst mit sechs Punkten Abstand gegen die Cleveland Browns und anschließend mit vier Punkten Abstand gegen die Pittsburgh Steelers. Den Superbowl entschieden sie mit 14 zu

7 gegen die Washington Redskins für sich. Bis heute treffen sich verbleibende Spieler des '72er Dolphins Teams jedes Jahr, wenn das letzte Team der aktuellen NFL-Saison sein erstes Spiel verliert, um anzustoßen und den Fakt zu feiern, dass sie nach wie vor das einzige Team in der Geschichte der NFL sind, das auf eine perfekte Saison zurückblicken kann.

1976 Pittsburgh Steelers – The Steel Curtain

Wenn von einem eisernen Vorhang gesprochen wird, denken die meisten Leute vermutlich an die Grenze, die Europa während des Kalten Krieges trennte, oder an die namensgebende Brandschutzeinrichtung aus Theatersälen. Footballfans, die ihren Lieblingssport schon in den 70er Jahren verfolgt haben, werden sich jedoch gleichzeitig an die Defensive Line der Steelers aus dieser Zeit erinnern. Bestehend aus Defensive Tackles ‚Mean' Joe Greene und Ernie Holmes sowie Defensive Ends L.C. Greenwood und Dwight White, erhielt diese den Spitznamen ‚Steel Curtain' (engl. für ‚Stahlvorhang') als Wortspiel in Bezug auf den Eisernen Vorhang, kombiniert mit ‚steel' (engl. für ‚Stahl'): Part des Namens der Pittsburgh Steelers. Zwischen 1974 und 1979 gewannen die Steelers rund um den Steel Curtain vier Superbowl in sechs Saisons und legten in 1976 den eventuell besten neun Spielabschnitt für einen Defense in der Geschichte der NFL hin. Nachdem man die Saison 1-4 startete und Terry Bradshaw als Quarterback verlor, ließ die Defense der Steelers in den nächsten neun Partien nur 28 Punkte zu, gewann fünf Spiele zu null und erlaubte in zwei weiteren Spielen nur jeweils drei Punkte. Das Team war letztendlich nicht in der Lage, den Superbowl der 1976er Saison zu gewinnen, aber in der Mitte der Saison hat die Defense besser gespielt, als man es eventuell je von einer anderen Defense gesehen hat.

1985 Chicago Bears – The Monsters of the Midway

Eine neue, innovative Art, Defense zu spielen, und einer der besten Middle Linebacker aller Zeiten waren Buddy Allens Hauptwerkzeuge auf dem Weg zum Erfolg. Der Defensive Coordinator hatte Anfang der 1980er Jahre einen neuen Weg geschaffen, um gegnerischen Offensivabteilungen das Leben schwer zu machen: die 46 Defense. Sie stellte erstmals konstant sechs Spieler an die Line of Scrimmage, um Offensive Lines in 1on1-Blocks zu zwingen. Die Defense wurde (anders als die 4-3- oder 3-4-Defenses) nicht nach einer Spieleranzahl, sondern nach der Trikotnummer des Safetys Doug Plank benannt, und war berüchtigt dafür, so intensiv zu spielen, dass sie regelmäßig verletzte Quarterbacks zurückließ. Nachdem die Bears die Regular Season 15-1 beendeten und in den ersten zwei Playoff-Spielen gegen die New York Giants (21-0) und die Los Angeles Rams (24-0) keine gegnerischen Punkte erlaubten, gewannen sie den Superbowl XX mit 46 zu 10 gegen die New England Patriots. Der Name ‚Monsters of the Midway', der der Bears Defense verliehen wurde, wurde aus den späten 1930er und frühen 1940er Jahren wiederbelebt. Ursprünglich stammte er von der University of Chicago, in deren Nähe es eine Grünfläche gab, die als ‚Midway Park' bekannt war. Noch heute gelten die 1985er Bears bei vielen Fans als das Team mit der besten Defense in der Geschichte der NFL.

Der Defensive Coordinator ist der höchstrangige Trainer der Defensivabteilung eines Teams.

1989 San Francisco 49ers

Wenn ein Team in einer Saison den zukünftigen Hall of Fame Quarterback Steve Young benutzen kann, um den MVP der Saison und ebenfalls zukünftigen Hall of Famer Dan Marino zu schonen, sagt das genug über das Level des entsprechenden Teams aus. Neben mehreren exzellenten Quarterbacks konnte sich das Team ebenfalls auf Starspieler wie Wide Receiver Jerry Rice und Safety Ronnie Lott verlassen. Der langjährige und erfolgreiche Head Coach Bill Walsh war zwar in der Offseason vor der 1989er Saison in den Ruhestand gegangen, jedoch war seine offensive Philosophie nach wie vor klar ersichtlich und die 49ers erzielten die meisten Punkte der Liga. Die beiden Niederlagen des 14-2 Records musste man gegen die Los Angeles Rams (12-13) und die Green Bay Packers (17-21) hinnehmen. Gerade in den Playoffs zeigte sich die Expertise des neuen, eher defensiv orientierten Head Coaches George Seifert und man erzielte 126 Punkte, während die Defense nur 26 zuließ. Der Superbowl-XXIV-Sieg über die Denver Broncos (55-10) gilt nach wie vor als einer der dominantesten aller Zeiten.

1999 St. Louis Rams – The Greatest Show on Turf

Die Rams der 90er Jahre waren eines von den Teams, die häufig als Lückenfüller wahrgenommen wurden. Nicht schlecht genug, um dadurch aufzufallen, nicht gut genug, um wirklich etwas zu bewirken. Nach dem Umzug aus Los Angeles nach St. Louis vor der 1995er Saison schafften sie es in keiner der vier folgenden Saisons, mehr Spiele zu gewinnen als zu verlieren. 1998 bildete den Tiefpunkt. Die Rams gewannen nur vier Spiele und die Offense brachte insgesamt weniger als 300 Punkte zustande. Nur ein Jahr später, in der 1999er Saison, bekamen sie den Spitznamen ‚Greatest Show on Turf' (engl. so gut wie ‚das beste Programm auf dem Rasen') verliehen. Quarterback Kurt Warner, der noch ein Jahr vorher in der NFL Europe für die Amsterdam Admirals spielte, lieferte eine der besten Saisons für einen Quarterback überhaupt und die Offense rund um

Offensive Coordinator Mike Martz erzielte über die Regular Season 526 Punkte. Die Offensivabteilung rund um Running Back Marshall Faulk und die Wide Receiver Isaac Bruce und Torry Holt überzeugte auf ganzer Ebene mit einem sehr auf das Passspiel fokussierten Vorgänger der modernen ‚Vertical Offense', einer weiterentwickelten Form der ‚Air Coryell' Offense. Kurt Warner sicherte sich den MVP-Titel und die Rams gewannen in einem der spektakulärsten Superbowls, der heutzutage als ‚The Longest Yard' bekannt ist, 23 zu 16 gegen die Tennessee Titans.

2000 Baltimore Ravens

Die 2000er Baltimore Ravens Defense gilt immer noch als eine der dominantesten Defensivabteilungen aller Zeiten. In 16 Spielen ließen sie nur 165 Punkte zu – nur 10,3 Punkte pro Spiel! Die nächstbeste Defense in einer 16-Spiele-Saison (1986 Bears) war schon bei 11,7. Angeleitet von Defensive Coordinator Marvin Lewis und geführt von Linebacker Ray Lewis, der nach der Saison als defensiver Spieler des Jahres ausgezeichnet wurde, überzeugte die Defense nicht nur in der Regular Season. In vier Playoff-Spielen erlaubten sie nur 16 Punkte (weitere sieben kamen durch einen Kick-Return-Touchdown hinzu) und gleichzeitig gelang es ihnen, ihre Gegner zu 12 Turnovern zu zwingen. Nach dem Superbowl-XXXV-Sieg gegen die New York Giants (34-7) wurde Ray Lewis zum MVP des Spiels gekürt.

2007 New England Patriots

Eine ungeschlagene Saison vor den Playoffs, offensive Dominanz, wie es sie vorher vielleicht noch nie in der NFL gab, Tom Brady in seiner Blütezeit, Randy Moss, der den Rekord für die meisten gefangenen Touchdowns in einer Saison gebrochen hat, und Bill Belichick als Head Coach. Vielleicht würden die 2007 Patriots als das unangefochten beste NFL-Team der Geschichte angesehen werden, wenn Superbowl XLII anders gelaufen wäre. Die Patriots brachten durch die Regular Season die mit Abstand beste Offense und eine sehr gute Defense aufs Feld und stellten mit Tom Brady und Bill Belichick sowohl den MVP als auch den Head Coach der Saison. Auch die ersten beiden Playoff-Spiele gegen die Jacksonville Jaguars (31-20) und die San Diego Chargers (21-12) stellten keine Gefahr dar. Doch dann traf man im 42. Superbowl auf den ultimativen Underdog: die New York Giants, die sich nur über eine Wild Card für die Playoffs qualifizieren konnten.

Über eine Wild Card können sich die Teams mit dem besten Sieg-Niederlagen-Verhältnis für die Playoffs qualifizieren, selbst wenn sie ihre Division nicht gewinnen konnten.

2013 Seattle Seahawks – The Legion of Boom

Der ‚Steel Curtain' der Steelers, die ‚Monsters of the Midway' der Bears und die ‚Purple People Eaters' der Vikings. Die meisten der dominantesten Defenses der NFL-Geschichte machten ihren Erfolg durch starke Defensive Lines möglich. Nicht so die 2013er Seattle Seahawks. Der Name ‚Legion of Boom', der inzwischen manchmal für die komplette Defense der Seahawks der 2010er benutzt wird, galt ursprünglich nur den Defensive Backs. Safeties Earl Thomas und Kam Chancellor wurden 2010 gedraftet (Thomas in der ersten und Chancellor in der fünften Runde) und ein Jahr später kamen die Cornerbacks Richard Sherman (Draft, fünfte Runde), Byron Maxwell (Draft, sechste Runde) und Brandon Browner (Free Agent) hinzu. Die Defense erzwang 28 Interceptions in der 2013er Saison, mehr als jedes andere NFL-Team. Sherman und der Rest der Defense waren laut und spielten selbstbewussten, aggressiven Football. Ihnen war egal, ob sie als arrogant angesehen wurden, weil sie auf dem Feld beweisen konnten, dass sie die beste Passverteidigung der Liga hatten. Vielleicht beeindruckender als sämtliche Erfolge und Statistiken der mit 13-3 abgeschlossenen Regular Season war jedoch die anschließende Leistung im Superbowl XLVIII. Hier trafen die Seahawks auf die Broncos, angeführt vom legendären Quarterback Peyton Manning, der nach der 2013er Saison nicht nur als MVP und offensiver Spieler des Jahres ausgezeichnet wurde, sondern auch den Rekord für die meisten Passing Yards und Passing Touchdowns in einer Saison aufgestellt hatte. Im Superbowl hielt ihn die Seahawks Defense bei unter 300 Yards, erzwang 2 Interceptions, ließ nur einen Touchdown zu und gewann das Spiel mit 43 zu 8. Auf dem höchsten Level gegen die beste Konkurrenz rief die Legion of Boom ihre beste Leistung ab.

Defensive Backs ist der Überbegriff für die Spieler auf den Positionen Safety und Cornerback.

COACHES:

George Halas (1920 – 1967)

George Halas war Gründer, Spieler, Coach und Besitzer des Teams, welches heute als Chicago Bears bekannt ist. An dieser Stelle könnte der Abschnitt über ihn enden und er hätte bereits einen Platz auf der Liste verdient. Zusätzlich war er einer der Mitbegründer der heutigen NFL und eine der ersten 17 Personen, die in die NFL Hall of Fame aufgenommen wurden. In seinen circa 40 Jahren als Coach gewann er 318 Spiele und acht NFL-Titel, unter anderem mit den bereits erwähnten ‚Monsters of the

Midway'. Mit seiner Tätigkeit als Football-Coach und Funktionär hatte Halas seine Leidenschaft gefunden, die er verfolgte, bis er fast 73 Jahre alt war. ‚Papa Bear', wie Halas oft liebevoll genannt wurde, ist für viele Innovationen im Football verantwortlich. So waren seine Teams zum Beispiel die ersten, die auf Aufzeichnungen von gegnerischen Teams nach Schwachstellen suchten, Spiele im Radio kommentieren ließen, Assistenten der Coaches in der Pressebox positionierten und auf tägliche Trainingseinheiten vertrauten. Ohne ihn wäre die NFL heutzutage vermutlich nicht das, was sie ist.

Curly Lambeau (1921 – 1953)

Auch Earl ‚Curly' Lambeau war wie Halas ein Teamgründer. Zusammen mit seinem Freund gründete er 1919 die Green Bay Packers und wurde nach einem Jahr zum Spieler-Coach. Während seiner aktiven Zeit als Spieler war er einer der besten Running Backs der Liga. Von Lambeau gecoachte Teams gewannen 226 Spiele und sechs NFL-Titel. Zusätzlich zu den von ihm gegründeten Packers trainierte er in seiner Karriere außerdem noch Teams der Chicago Cardinals und Washington Redskins. Lambeau war der erste Coach, der mit seinem Team drei NFL-Championships hintereinander gewinnen konnte, und ihm wird zugeschrieben, einer der ersten Trainer gewesen zu sein, der sein Team zu Auswärtsspielen fliegenließ, um lange Fahrten zu vermeiden. Kurz nach seinem überraschenden Tod 1965 wurde das Stadion der Green Bay Packers in ‚Lambeau-Field' umbenannt, um den Gründer der Franchise zu ehren, der das Team mehrere Male vor dem finanziellen Ruin bewahrt hatte. Der Name ist so sehr mit der Geschichte der Packers verknüpft, dass sich die Franchise bis heute weigert, die Namensrechte am

Stadion abzutreten. Fans des Teams können heute vor Heimspielen eine über vier Meter große Statue von Curly Lambeau bewundern, die das Team 2003 vor dem Stadion errichten ließ.

Vince Lombardi (1959 – 1969)

Von einer Green-Bay-Packers-Legende direkt zur nächsten. Vince Lombardi war der Head Coach der Packers in den 1960er Jahren und führte sie zu fünf NFL-Titeln in sieben Jahren, drei davon in aufeinanderfolgenden Jahren, genauso wie Curly Lambeau es vor ihm geschafft hatte. Zwei seiner fünf gewonnenen NFL-Titel waren die ersten beiden Superbowls. Von Lombardi gecoachte Teams gewannen fast 74 % ihrer Regular-Season-Spiele und von ihren zehn Playoff-Spielen verloren sie nur eins. 1969 wurde Lombardi zum Head Coach und General Manager der Washington Redskins. Viele Experten der NFL-Geschichte vermuten, dass er mit seinem neuen Team ähnlichen Erfolg wie in Green Bay gehabt hätte, wenn er nicht 1970 überraschend seinen Kampf gegen den Krebs verloren hätte. Kurze Zeit nach seinem Tod wurde Lombardi in die NFL Hall of Fame aufgenommen und der Pokal, den Teams nach dem Gewinn des Superbowl überreicht bekommen, wurde ihm zu Ehren ‚Lombardi-Trophäe' genannt. Heutzutage gilt Vince Lombardi als einer der besten NFL Head Coaches aller Zeiten.

Tom Landry (1960 – 1978)

Tom Landry war nicht nur der erste Coach der Dallas Cowboys in der NFL, er hält auch den Rekord für die längste anhaltende Strecke an Saisons, in der mehr Spiele gewonnen als verloren wurden, sogenannte ‚winning seasons'. In seinen 29 Jahren als

Head Coach der Cowboys schaffte Landry es von 1966 bis 1985, am Ende jeder Saison einen sogenannten ‚positiven Record' vorweisen zu können. Neben diesem Rekord konnte Landry noch die Superbowls VI und XII sowie insgesamt 20 Playoff-Spiele gewinnen. Nur die beiden noch aktiven Coaches Bill Belichick und Andy Reid gewannen mehr Playoff-Spiele als Landry. Dass die Dallas Cowboys heute als ‚America's Team' bekannt sind, ist größtenteils auf Landrys Erfolg und den daraus resultierenden häufigen Fernsehübertragungen von Cowboys-Spielen in den frühen 70er Jahren zurückzuführen. Neben seinem Erfolg ist Landry auch als einer der Begründer und Pioniere der populären 4-3-Defense bekannt.

Don Shula (1963 – 1995)

Don Shula hält nicht nur den Rekord für die einzige ungeschlagene Saison als Head Coach, sondern konnte auch mehr Siege (328 in der Regular Season) als jeder andere Trainer der NFL-Geschichte für sich verbuchen. Nach seiner aktiven Karriere als Defensive Back und mehreren Stationen als Assistant Coach bekam er 1963 seine erste Chance auf der größten Bühne als Head Coach der Baltimore Colts. Hier coachte er sieben Jahre, bevor er seine restlichen 26 Saisons als Head Coach der Miami Dolphins verbrachte. Shula war der erste Head Coach, der mit seinen Teams in sechs Superbowls spielte, und der erste, der zwei verschiedene Teams zum Superbowl-Spiel führte. Kein Coach hat mehr Spiele, mehr Siege oder mehr aufeinanderfolgende Saisons als Trainer vorzuweisen als Don Shula. Vor dem Hard Rock Stadium der Miami Dolphins steht heute eine Statue zu seinen Ehren, die ihn auf den Schultern von zwei seiner Spieler zeigt, die Faust in den Himmel gestreckt. Eine legendäre Statue für einen legendären Coach.

John Madden (1969 – 1978)

Mehr als nur der Namensgeber eines Videospiels. Viele werden den Namen John Madden das erste Mal in Kombination mit dem populären Videospiel gehört haben, aber selbst wenn das Spiel einen anderen, generischen Namen hätte, wäre Coach Madden auf dieser Liste vertreten. Kein Coach mit mindestens 100 absolvierten Spielen kann eine bessere *winning percentage* vorweisen, denn John Maddens Teams gewannen über 75 % der Spiele, die sie bestritten. In seinen zehn Jahren als Head Coach der Oakland Raider führte er die Franchise achtmal in die Playoffs, führte sie siebenmal in das AFL/AFC-Titel-Spiel und brachte den Raiders nach der 1976-NFL-Saison den ersten Superbowl-Sieg ein. Nach seiner Karriere als Coach blieb John Madden dem Sport treu und begann, als Experte bei Fernsehübertragungen zu arbeiten. Viele Leute denken, dass er in seiner fast 30-jährigen Zeit beim Fernsehen ein noch größeres Talent für das Kommentieren als für das Coachen zeigte. In dieser Tätigkeit gewann Madden 16 Emmy Awards und hinterließ einen bleibenden Eindruck auf mehrere Generationen von American-Football-Fans.

Bill Walsh (1979 – 1988)

Die letzte große offensive Innovation des American Football war die Popularisierung der West Coast Offense. Die dabei bedeutendste Rolle spielte San Francisco 49ers Head Coach Bill Walsh. Schon bevor er Head Coach des Teams aus Kalifornien wurde, entwickelte er die neue Art des offensiven Footballs als Assistent Coach unter Paul Brown, der selbst als einer der bedeutendsten Coaches aller Zeiten gilt. Seinen neuen offensiven Stil brachte Walsh 1979 zu den 49ers. Mit seiner revolutionären Offense führte er San Francisco zu zehn Post-Season-Siegen in 14 Spielen und gewann drei Superbowls. Nach seinem Rücktritt als Coach nach Superbowl XXIII hinterließ er seinem handerlesenen Nachfolger George Seifert ein Team, das noch über Jahre hinweg dominanten ‚Walsh-Football' spielen sollte und sich auch in diesem Buch in der Liste der bedeutendsten Teams wiederfindet. Seine innovative Offense und sein Talent dafür, den offensiven Plan für ein Spiel genau auf den Gegner anzupassen, brachten ihm den Spitznamen ‚The Genius' (engl. ‚das Genie') ein.

Bill Belichick (1991 – ?)

Kaum eine Karriere kann als besseres Beispiel dafür dienen, wie wichtig eine zweite Chance für NFL Head Coaches sein kann, als die von Bill Belichick. Nach einer erfolgreichen Zeit als Defensive Coordinator für die von Bill Parcells geführten New York Giants bekam Belichick 1991 die Chance, einer von 32 Head Coaches der NFL zu werden. Seine Zeit als Cheftrainer der Browns verlief so erfolglos, dass ihn das Team Anfang 1996 feuerte, bevor der komplizierte Wechsel von Cleveland Browns zu Baltimore Ravens vollzogen wurde. Vier Jahre später sicherte sich Belichick erneut einen Job als NFL Head Coach, als er die New England Patriots übernahm; was folgte, ist Geschichte. Heute kann kein Coach in der NFL-Geschichte mehr Playoff-Siege als Belichick vorweisen und es ist nicht unwahrscheinlich, dass er sich innerhalb der nächsten Saisons an George Halas und Don Shula vorbeischiebt, wenn es um Regular-Season-Siege geht. Seine Karriere umfasst die Bildung und Instandhaltung der vermutlich intensivsten NFL-Dynastie. Belichick gewann sechs Superbowls – keiner hat so viele Championship-Ringe wie er. Zusätzlich dazu wurde er dreimal zum Head Coach des Jahres gewählt. Auch wenn er in der Zeit nach Tom Bradys Abgang häufiger kritisiert wurde, lässt sich eines nicht bestreiten: Bill Belichick ist einer der erfolgreichsten und unbestreitbar besten Head Coaches aller Zeiten und hat mit seiner Art, Defense zu spielen, dem American Football für immer seinen Stempel aufgedrückt.

Tony Dungy (1996 – 2008)

Tony Dungy ist nicht nur eine Legende für eine, sondern gleich für zwei Franchises. Nachdem er in der NFL als Safety gespielt und sich anschließend als Defensive Coordinator einen Namen gemacht hatte, übernahm Dungy 1996 die Tampa Bay Buccaneers, die zu der Zeit als eins der schlechtesten Teams angesehen wurden. Nachdem er den Ruf der Buccaneers erfolgreich verbessert und das Team in vier seiner sechs Jahre als Head Coach in die Playoffs geführt hatte, wurde er nach der 2001-Saison entlassen, da sein Team in den Playoffs oft Probleme hatte. Die Buccaneers gewannen im darauffolgenden Jahr den Superbowl und Tony Dungy erhielt an vielen Stellen Lob für das Team, welches er zusammengestellt und aufgebaut hatte. In Indianapolis ließ der Erfolg auch nicht lange auf sich warten. Dungy führte die Colts in jedem seiner sieben Jahre in die Playoffs und gewann den Superbowl XLI, den ersten für die Colts, nachdem sie aus Baltimore nach Indianapolis gezogen waren. Gleichzeitig wurde Dungy damit zum ersten afroamerikanischen Head Coach, dem es gelang, einen Superbowl zu gewinnen.

Andy Reid (1999 – ?)

Oft fällt es schwer, die Einzigartigkeit von Personen im Sport wertzuschätzen, solange sie noch aktiv sind. Andy Reids Genie sollte jedoch leicht zu erkennen sein, selbst während er noch jedes Wochenende im Herbst und Winter an der Seitenlinie steht. Oft ein wenig von Bill Belichick überschattet, hat Reid bereits jetzt die zweitmeisten Siege der Playoff-Geschichte und die viertmeisten Siege der Regular Season. Bekannt als Innovator im offensiven Football – gerade, was das Passspiel angeht –, führte auch Coach Reid bereits zwei verschiedene Franchises zum Superbowl: die Philadelphia Eagles und die Kansas City Chiefs. In seinen zehn Jahren als Head Coach der Kansas City Chiefs führte er das Team neunmal in die Playoffs. Das Team gewann die letzten sieben Jahre in Folge die AFC West, stand in den letzten fünf AFC Championship Games und gewann mit Superstar Quarterback Patrick Mahomes die Superbowls LIV und LVII. In dem Moment, in dem ich dieses Buch schreibe, sind die Chiefs auf dem Weg zum achten Division-Sieg in Folge und das beste Team der AFC. Coach Reid ist noch lange nicht am Ende.

Mike Tomlin (2007 – ?)

Mike Tomlin hatte in seinen bisher 16 Jahren als NFC Head Coach noch keine einzige Saison, in der sein Team mehr Spiele verloren als gewonnen hat. Das, obwohl er in ein paar Jahren mit erstaunlich vielen Verletzungen und Kadern zu kämpfen hatte, die nicht von den talentiertesten Spielern gespickt waren. Die NFL ist nicht darauf ausgelegt, beständigen Erfolg zu haben. Durch das Draft- und Salary-Cap-System der Liga ergeben sich normalerweise organisch Höhen und Tiefen für jeden Franchise. Jeder andere Coach auf dieser Liste, jede hier erwähnte Legende hatte sogenannte ‚losing seasons'. Nicht Mike Tomlin. Das alleine wäre vermutlich beeindruckend genug, um ihn hier zu erwähnen, doch sein Team immer über dem Strich der Mittelmäßigkeit zu halten, ist nicht Coach Tomlins einziger Verdienst. Als er 2007 den Job bei den Pittsburgh Steelers übernahm, war er der jüngste Head Coach der Liga. Als er mit 36 Jahren den Superbowl XLIII gewann, war er der jüngste Head Coach, der jemals einen Superbowl gewonnen hatte (der Rekord wurde seitdem von Sean McVay gebrochen). Mit seinen gut 50 Jahren ist er bereits einer der besten NFL Head Coaches aller Zeiten und es gibt keine Zeichen dafür, dass er auf dem absteigenden Ast ist. Mike Tomlin ist durch seine Professionalität, seine Authentizität und sein Charisma seit Jahren eine der stillen Identifikationsfigur der NFL und wird es auch in den nächsten Jahren bleiben.

SPIELER:

QB – Tom Brady

Wenn man irgendjemanden, der American Football nicht verfolgt, auffordert, einen NFL-Spieler zu nennen, bekommt man höchstwahrscheinlich nach wie vor die Antwort: Tom Brady. Als nicht nur einer der berühmtesten, sondern sicherlich auch einer der besten Spieler aller Zeiten führte Tom Brady die vermutlich dominanteste Dynastie an, die die NFL je gesehen hat. Bei vielen NFL-Fans bildete sich über Bradys Karriere automatisch eine Antipathie gegen die New England Patriots – und das nur, weil sie so unausstehlich gut und konstant spielten. Der Sechsrundenpick aus dem 2000er Draft erreichte mit den Patriots neun Superbowls und gewann sechs davon, beides Rekorde für eine Franchise und einen Spieler. Nach seinem Wechsel zu den Tampa Bay Buccaneers gewann er auch dort einen Superbowl und zementierte seinen ohnehin schon unangefochtenen Legendenstatus. Ab 2024 wird Brady als Experte bei Football-Übertragungen im Fernsehen zu sehen sein und dem Sport somit weiterhin erhalten bleiben.

Als Sechsrundenpick wird ein Spieler bezeichnet, der in der sechsten Runde des Drafts ausgewählt wurde.

QB – Peyton Manning

Peyton ‚the Sheriff' Manning ist Teil einer Manning-NFL-Familie – und eventuell das talentierteste Mitglied derselben. Sein Vater Archie Manning spielte hauptsächlich für die New Orleans Saints, sein kleiner Bruder Eli Manning ausschließlich für die New York Giants. Anders als Tom Brady wurde Peyton Manning im Draft weder übersehen noch unterschätzt. Nachdem er in seiner College-Football-Karriere bei den Tennessee Volunteers nahezu alles gewann, was es zu gewinnen gab, wurde er im Draft 1998 an erster Stelle von den Indianapolis Colts ausgewählt. Er wurde seiner Verantwortung gerecht und transformierte eine Franchise, die sich durch eine harte Zeit kämpfen musste, in eine, die sich jedes Jahr in den Playoffs als Superbowl-Kandidat wiederfand. Er führte die Colts in zwei Superbowls und gewann mit ihnen den Superbowl XLI. Nach gesundheitlichen Problemen mit seinem Nacken, der mehrere Operationen benötigte, trennten sich die Wege der Colts und Mannings. Anschließend schloss er sich den Denver Broncos an, mit denen er zum Abschluss seiner Karriere den 50. Superbowl gewinnen konnte, was ihn zum ersten Starting Quarterback machte, der den Superbowl mit zwei Franchises gewinnen konnte. Der „Sheriff" hatte vor allem so viel Erfolg, weil sein Football-IQ als einer der besten aller Zeiten gilt. Teilweise hatte man das Gefühl, dass er wusste, was die Defense vorhatte, bevor der Defensive Coordinator überhaupt entschieden hatte, was gespielt werden sollte. Manning hält auch heute noch viele Rekorde, unter anderem den für die meisten geworfenen Yards (5477) und Touchdowns (55) in einer Saison und den für die meisten MVP-Titel (5).

QB – Patrick Mahomes

Patrick Mahomes ist noch keine 30 Jahre alt und findet sich trotzdem völlig gerechtfertigt auf dieser Liste wieder. Nachdem er sein erstes Jahr in der NFL größtenteils damit verbracht hat, von Starting Quarterback Alex Smith zu lernen, begann er 2018, Rekorde zu sprengen und gegnerische Defenses in den Wahnsinn zu treiben. Bereits in seiner ersten richtigen Saison als Quarterback der Kansas City Chiefs warf Mahomes für über 5000 Yards, 50 Touchdowns und gewann den MVP-Titel. In der darauffolgenden Saison führte er die Chiefs zum Superbowl-LIV-Sieg und wurde zum drittjüngsten Superbowl-MVP aller Zeiten. 2022 gewann er sowohl seinen zweiten MVP-Titel als auch seinen zweiten Superbowl und Superbowl-MVP, womit er gemeinsam mit Tomy Brady und Joe Montana einer der einzigen Quarterbacks ist, der mehrere Regular-Season-MVP- und Superbowl-MVP-Titel erringen konnte. Seitdem Patrick Mahomes Kansas City anführt, gab es kein einziges AFC Championship Game ohne Beteiligung der Chiefs. Selbst wenn Mahomes morgen beschließen würde, dass er keine Lust mehr auf American Football hat, und seine Karriere beenden würde, wäre es beinahe unmöglich, ihn aus der Hall of Fame fernzuhalten. Da jedoch davon auszugehen ist, dass er noch viele Jahre auf seinem jetzigen Niveau weiterspielen wird, erleben wir gerade vermutlich erst den Anfang einer einzigartigen Karriere.

RB – Barry Sanders

Als Lions Fan hat Barry Sanders natürlich einen ganz besonderen Platz in meinem Herzen – selbst wenn ich ihn nicht live spielen sehen konnte. Obwohl ich nie den Anspruch darauf erhoben habe, die ‚besten' Spieler jeder Position vorzustellen, kann man mir gerne Befangenheit vorwerfen, jedoch lasse ich bei einer

Sache nicht mit mir diskutieren: Kein NFL Running Back hat ein besseres Highlight-Tape als Barry Sanders! Mit seiner Größe von nur knapp über 1,70 m und seiner explosiven Schnelligkeit muss es für gegnerische Defenses ein wahrer Albtraum gewesen sein, Barry Sanders tacklen zu müssen; oder es wenigstens zu versuchen. Er gewann den Titel für den besten Rookie des Jahres, später den Titel für den besten offensiven Spieler der NFL und anschließend sogar einen MVP-Titel in einer Saison, als er für über 2000 Yards rannte. Für viele besteht kein Zweifel, dass Sanders den Rekord für die meisten Rushing Yards in einer Karriere gebrochen hätte, wenn er sich nicht für einen Rücktritt aus der NFL entschieden hätte, während er noch auf einem hohen Niveau spielte.

RB – Walter Payton

Walter Payton war ein Allround-Talent. Zu einem Zeitpunkt hielt er die Rekorde für die meisten Rushing Yards, Rushing Touchdowns, Scrimmage Yards, All-Purpose Yards und meisten Catches für einen Nicht-Receiver in der Karriere; neben vielen weiteren. Nachdem er im 1975er Draft mit dem vierten Pick gedraftet wurde, spielte er 13 Saisons für die Chicago Bears. „Sweetness“, wie er genannt wurde, wurde siebenmal als All-Pro ausgezeichnet und gewann zwei NFL-MVP-Titel. Heutzutage für Running Backs unvorstellbar, verpasste Payton ein Spiel in seiner Rookie Saison und spielte anschließend in 186 Spielen hintereinander. In zehn seiner dreizehn Saisons rushte er für über 1000 Yards, was ein weiterer Beweis für sein konstant hohes Level ist. Mehrere NFL-Persönlichkeiten, darunter Mike Ditka, bezeichneten Walter Payton als besten Footballspieler, den sie je gesehen haben.

RB – Jim Brown

Wenn Jim Brown die medizinischen Fortschritte der heutigen Zeit zur Verfügung gestanden hätten, wäre es eventuell nicht einmal eine Debatte, wer der beste NFL Running Back aller Zeiten ist. Jim Brown spielte an der Syracuse University nicht nur Football, sondern war auch ein Star-Spieler in den Lacrosse- und Basketball-Teams der Universität. Er entschied sich dazu, Football als primäre Sportart weiter zu verfolgen, was dazu führte, dass er der erste Pick des 1957er Drafts wurde. In seinen neun Saisons bei den Cleveland Browns wurde er als Rookie oft the Year und dreifacher NFL-MVP ausgezeichnet. Sein eiserner Wille und die Zeit, die er in die Erholung seines Körpers gesteckt hat, sorgten dafür, dass er in neun Saisons kein einziges Spiel verpasste. In unglaublichen acht seiner neun Saisons führte er die NFL in Rushing Yards an. Wenn nicht eine Knieverletzung seine Karriere frühzeitig beendet hätte, hätte Brown vermutlich Rekorde aufgestellt, die nie gebrochen werden könnten.

TE – Shannon Sharpe

Heute ist Shannon Sharpe in seiner Rolle als lauter TV-Host und Experte mit starken Meinungen bekannt, doch in seiner Zeit in der NFL war er ein echter Wegbereiter für zukünftige Tight Ends. Sharpe begann und beendete seine Karriere bei den Denver Broncos, mit denen er zwei Superbowls hintereinander gewann. Zwischendurch verschlug es ihn nach Baltimore zu den Ravens, mit denen er ebenfalls einen Superbowl für sich entscheiden konnte. Sharpe wurde keineswegs als zukünftiger Star angesehen, als ihn die Broncos in der siebten Runde des 1990er Drafts auswählten, und musste für seinen Platz im Team und seine Gelegenheiten, auf dem Feld zu stehen, kämpfen. Er war der erste Tight End, der in seiner Karriere mehr als 10.000

Yards verbuchen konnte und beendete seine Zeit in der NFL mit über 60 Receiving Touchdowns. Sein 96-Yard Touchdown Catch im 2000 AFC Championship Game bleibt bis heute der längste NFL Playoff Touchdown Catch. Shannon Sharpe war einer der ersten Tight Ends, die ihren Weg zur Position als umgeschulte Wide Receiver gefunden haben und deren Stärke deutlich eher im Passfang als im Blocken lag. So bereitete er den Weg für viele Tight Ends der Zukunft.

TE – Tony Gonzalez

Als die Kansas City Chiefs im 2000er Draft den Tight End Tony Gonzalez aus der University of California drafteten, dachten sie sicherlich, dass er ein sehr guter Spieler werden würde; schließlich wählten sie ihn bereits in der ersten Runde aus. Doch dass er siebzehn Saisons später die Liga als Rekordhalter für die meisten Catches, Touchdowns und Receiving Yards für Tight Ends verlassen würde, wird sich wohl nicht einmal der optimistischste Chiefs-Fan erhofft haben. Obwohl Gonzalez direkt in seiner ersten Saison zum offensiven Erfolg der Chiefs beisteuerte – was für Tight Ends nicht immer leicht ist –, wurde ein Großteil der NFL-Fans außerhalb von Kansas City wohl erst in seiner dritten Saison auf ihn aufmerksam, als er die Chiefs in Receiving Yards und Touchdowns anführte. Nachdem er zu den Falcons getradet wurde und ein paar Jahre später seine lange Karriere beendete, konnte Tony Gonzalez auf über 15.000 Receiving Yards und genau 111 Receiving Touchdowns zurückblicken. Was wohl noch beeindruckender als diese Statistiken ist, ist, dass er 270 Regular-Season-Spiele gespielt hat und nur ein einziges Spiel verpasste.

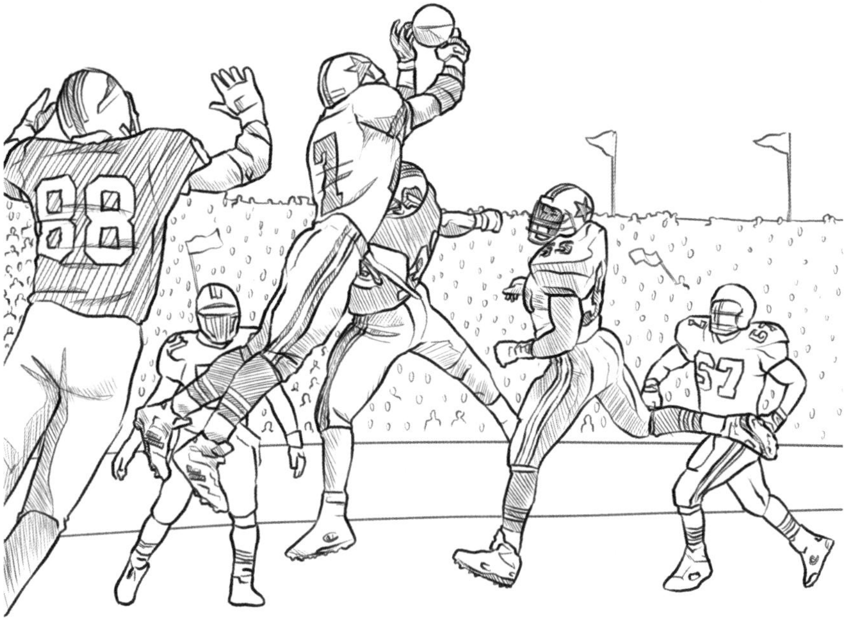

TE – Rob Gronkowski

Wenn ein neuer talentierter Tight End in die Liga kommt, dauert es meistens nicht lange, bis man folgende Frage in den Sportmedien liest: „Ist das der nächste Rob Gronkowski?“ Der erste Rob Gronkowski hingegen war Rob Gronkowski. „Gronk“ war in und nach seiner Zeit an der University of Arizona als Partygänger bekannt und es bestand dementsprechend ein gewisses Risiko, den unbestreitbar talentierten Spieler zu draften. Aus diesem Grund fiel er in die zweite Runde des 2010er Drafts, in der die New England Patriots ihren neuen Tight End drafteten. Nach anfänglichen Problemen mit seinem Rücken, entwickelte sich Gronkowski zu einem der dominantesten Tight Ends der NFL-Geschichte. Während manche Tight Ends ihre Stärken entweder im Blocken oder Fangen haben, brillierte „Gronk“ in beiden Disziplinen. Die Chemie mit seinem Quarterback Tom Brady, dem er zum Ende seiner Karriere nach Tampa Bay folgte, war ein weiterer Grund für seinen immensen Erfolg über seine elfjährige Karriere. Er war der erste Tight End, der die NFL in einer Saison in Receiving Touchdowns anführte, und gewann vier Superbowls, davon drei mit New England und seinen letzten mit den Tampa Bay Buccaneers.

WR – Jerry Rice

Viele NFL-Spieler haben eine viel zu kurze Karriere und würden vermutlich alles dafür geben, auch nur annähernd 14 Jahre in der NFL spielen zu können. Jerry Rice spielte sogar noch länger, aber konnte in 14 seiner insgesamt 20 Saisons über 1000 Receiving Yards verbuchen! Rice kombinierte sein Spiel auf unglaublich hohem Niveau mit einer der unterschätztesten Eigenschaften im American Football: Langlebigkeit. Als die San Francisco 49ers in 1985 aus der Mississippi Valley State University drafteten, erhofften sie direkten Einfluss auf das offensive Spiel. Der First Round Pick enttäuschte nicht und lieferte direkt in seiner ersten Saison über 900 Yards ab und machte sich einen Namen als Big Play Receiver; seine Catches brachten durchschnittlich fast 20 Yards ein. Doch in Rices zweiter Saison legte er nochmal einen oben drauf und führte die Liga in Receiving Yards und Receiving Touchdowns. Sollte man jetzt denken, dass er sich bereits einen Namen gemacht hatte, wurde man im Jahr darauf überrascht, als der junge Wide Receiver in seiner dritten Saison den NFL-Rekord für die meisten gefangenen Touchdowns in einer Saison brach (22). Obwohl Rice seine Karriere mit Aufenthalten bei den Oakland Raiders und Seattle Seahawks beendete, verbrachte er den Großteil seiner Zeit als San Francisco 49er und wurde dort zur absoluten Team- und Liga-Legende. Noch heute hält er viele Rekorde, die nur extrem schwer zu brechen sein werden, da er über einen derart langen Zeitraum auf so hohem Niveau spielte. Niemand hat mehr Catches (1.549) oder Receiving Yards (22.895) als er. Mit seinen vielen Rekorden und drei Superbowl-Ringen hat wohl niemand einen so großen Anspruch darauf, als bester Receiver aller Zeiten betitelt zu werden, wie Jerry Rice.

WR – Randy Moss

„HE GOT MOSSED" ist ein Satz, um den man beim Footballspielen schlecht herumkommt. Er wird benutzt, wenn ein Spieler hoch über einen anderen gegnerischen Spieler springt und den Ball über dessen Kopf fängt. Wie gut muss man sein, um den Wortschatz ganzer Generationen zu prägen? Randy-Moss-gut! Der 1998er Draft First Round Pick der Minnesota Vikings wartete nicht lange darauf durchzustarten und erzielte in seinem NFL-Debut bereits zwei Touchdowns. In seiner Rookie Saison schaffte er es, ganze 17 Touchdowns zu scoren und führte damit die NFL an. In der zweiten Hälfte seiner Karriere spielte Moss – der zu dem Zeitpunkt bereits eine Vikings-Legende und einer der gefürchtetsten Wide Receiver der Liga war – bei vielen verschiedenen Teams; so zum Beispiel bei den Oakland Raiders, den Tennessee Titans, den San Francisco 49ers und den New England Patriots. Bei Letzteren bildete Moss zusammen mit Tom Brady eine beinahe symbiotische Beziehung. Wann immer Brady ein Big Play brauchte, suchte er Moss; und Moss konnte sich stets darauf verlassen, von Brady gefunden zu werden, wenn er seinen Verteidiger wieder einmal wie einen Highschooler aussehen ließ. Moss war Teil des bereits erwähnten 2007er-Patriots-Teams und brach in dieser Saison den Rekord für die meisten gefangenen Touchdowns (23); eine Marke, die bis heute kein Spieler überbieten konnte. Wenngleich Moss ‚nur' 14 Saisons spielte und dementsprechend an viele von Rices Rekorden nicht herankam, könnte man trotzdem argumentieren, dass niemandes Top-Form dominanter war als die von Moss.

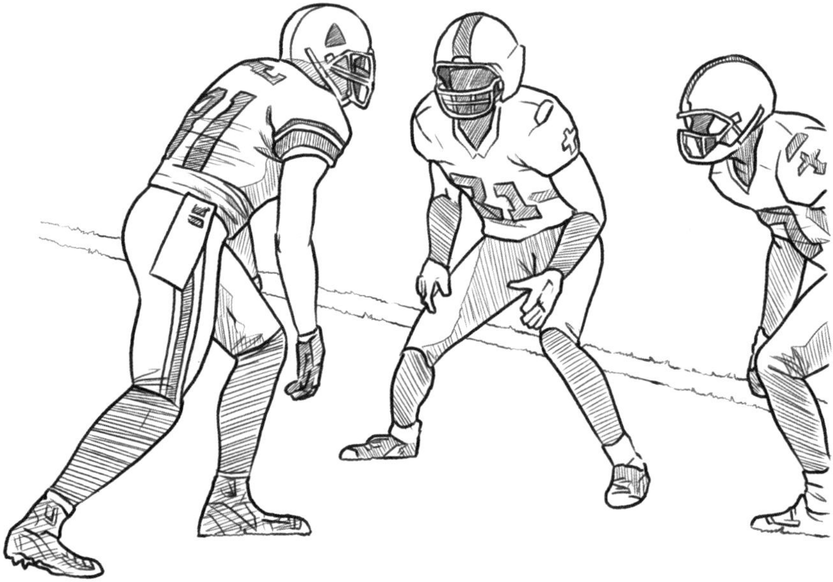

WR – Calvin Johnson

Eins der ersten Bilder, welches man im Kopf hat, wenn man an Calvin Johnson denkt, zeigt die defensive Goal-Line-Strategie der Saints in einem Spiel gegen die Johnsons Detroit Lions. Auf den ersten Blick könnte man denken, dass es sich um einen Gunner beim Punt handelt – eine Position, die regelmäßig zwei Gegenspieler unmittelbar vor sich hat, deren ganzes Ziel es ist, den Gunner nicht vorbeirennen zu lassen. Nicht so in Johnsons Fall. „Megatron", wie Johnson selbst nach seiner aktiven Zeit noch genannt wird, war lediglich so gefährlich, dass die Saints beschlossen, ihn mit zwei Spielern zu verteidigen, weil es für einen einzelnen Spieler nahezu unmöglich war. Eine einzigartige Strategie für einen einzigartigen Spieler. Bereits am College war Johnson ein absolutes Ausnahmetalent, das Woche für Woche mit absoluten Highlight-Plays begeisterte und sich so den Biletnikoff-Award für den besten Wide Receiver im College Football sicherte. So war es nicht verwunderlich, dass ihn die Detroit Lions mit dem zweiten Pick im 2007er NFL-Draft auswählten. „Megatron" verbrachte alle seine neun Saisons bei den Lions und brach Rekord nach Rekord, obwohl er zumeist nicht das Vergnügen hatte, mit einem besonders guten Team um sich herum zu spielen. Wenn man sich einen Wide Receiver im Labor erstellen könnte, würde vermutlich eine ziemlich akkurate Calvin-Johnson-Kopie dabei herauskommen. Er war groß, extrem schnell, hatte sichere Hände, lief unglaublich präzise Routen und hatte ein hervorragendes Footballverständnis. „Megatron" fing in sieben seiner neun Saisons über 1000 Yards und hält den Rekord für die meisten Receiving Yards in einer einzelnen Saison (1964); ein Rekord, der zumindest für eine 16-Spiele-Saison bestehen bleiben wird, da Teams heutzutage eine 17-Spiele-Saison spielen. Wenn Jerry Rice der produktivste und Randy Moss der dominanteste Receiver war, dann ist Calvin Johnson auf jeden Fall der talentierteste. Wer weiß, wie seine Karriere mit einem erfolgreicheren Team um sich herum oder weniger Verletzungen hätte verlaufen können.

OL – Anthony Muñoz

Wer den Film „The Blind Side" gesehen hat, wird wissen, dass die Offensive-Tackle-Position eine der wichtigsten Rollen auf dem Spielfeld innehat. Allen anderen kann ich an dieser Stelle versichern: Es stimmt. Anthony Muñoz zeigte am College bereits so viel Talent, dass ihn die Cincinnati Bengals im 1980er Draft mit dem dritten Pick auswählten, obwohl er wegen mehrerer Knieverletzungen als riskanter Prospect galt. Muñoz kann heute als gutes Beispiel dafür verwendet werden, dass es sich lohnen kann, über Verletzungssorgen der Vergangenheit hinwegzusehen, denn er hatte eine lange und unglaublich erfolgreiche Karriere in der NFL. In seinen 13 Saisons wurde er elfmal hintereinander in das All-Pro-Team gewählt und gewann so gut wie alles, was es als Offensive Lineman zu gewinnen gab. Außerdem hielt er sich in seinem privaten Fitnessstudio, das er sich in sein Haus einbauen ließ, und durch tägliche Läufe so fit, dass er in seiner Laufbahn nur drei Spiele durch Verletzungen verpasste. Muñoz war sowohl technisch als auch körperlich auf dem höchsten Level, was es ihm erlaubte, sämtliche verschiedene Arten von Defensivspielern aufzuhalten.

Als (Draft-)Prospect bezeichnet man Spieler, die im nächsten NFL Draft ausgewählt werden können. Meistens sind diese aktive oder bisherige College-Football-Spieler.

OL – Larry Allen

Larry Allen war zu seiner Zeit einer der dominantesten Offensive Linemen. Dabei spielte es keine Rolle, wo er in der Offensive Line der Dallas Cowboys zu finden war. Er spielte alle Positionen der Line; außer Center. Was für den ein oder anderen vielleicht gar nicht so beeindruckend klingt, ist in Wahrheit einer der schwierigsten Umstände, die es als Lineman zu meistern gilt. Es ist vielleicht vergleichbar damit, sich auf einmal mit der schwachen Hand die Zähne zu putzen und sich gleichzeitig mit der anderen Hand eine Socke anzuziehen ... während ein 140 Kilogramm schwerer Mann versucht, einen umzurennen. Allen spielte nicht nur auf beiden Seiten der Line und sowohl Guard- als auch

Tackle-Positionen – er ließ es leicht aussehen. Zwischen 1995 und 2001 gab es keine Saison, in der er nicht in das All-Pro-Team gewählt wurde. Larry Allen brachte oft seine Freude dafür zum Ausdruck, die Hoffnung in gegnerischen Spielern schwinden zu sehen und ihren Willen zu brechen. Er spielte 12 seiner 14 Saisons in Dallas, mit denen er Superbowl XXX gewann, bevor er seine Karriere in San Francisco beendete. Insgesamt erschien Larry Allen in unglaublichen 203 Spielen und wurde sowohl in das All-Decade-Team der 1990er als auch der 2000er gewählt.

OL – Jonathan Ogden

Jonathan Ogden ist offiziell der erste Draft-Pick der Baltimore Ravens. Nachdem das Team aus einer komplizierten Geschichte, verwoben mit den Cleveland Browns, entstanden ist, entschied man sich im ersten Draft der neuen Franchise in der ersten Runde für den gigantischen Offensive Lineman aus UCLA. Dort gewann der 2,06 Meter große Ogden unter anderem die Outland Trophy, einen Preis, der jährlich an den besten Offensive- oder Defensive-Line-Spieler im College Football vergeben wird. Ogden entwickelte sich schnell zu einem Anführer im Team und führte die Ravens in seinem fünften Jahr von seiner Left Tackle Position aus zum Erfolg im Superbowl XXXV. Passend für den ersten Draft Pick in der Geschichte der Franchise, verbrachte Ogden seine kompletten 12 NFL-Jahre bei den Baltimore Ravens und wurde sechsmal in das All-Pro Team gewählt.

CB – Deion Sanders

„You look good, you feel good. You feel good, you play good. You play good, they pay good!“ In etwa: Wer gut aussieht, fühlt sich gut, spielt dadurch gut, und wird dadurch gut bezahlt. Eine viel zitierte Aussage Sanders’ in Football-Kreisen. Deion Sanders war noch nie zu scheu, um zu sagen, was ihm gerade durch den Kopf ging, und ist dadurch schon immer eine polarisierende Persönlichkeit gewesen. „Neon Deion" oder „Prime Time", wie er sich gerne nennen lässt, war unbestreitbar einer der elektrisierendsten Spieler der NFL-Geschichte. Dies zeigte er schon in seinem ersten Spiel der Profi-Liga, nachdem er 1989 von den Atlanta Falcons als fünfter Spieler des Drafts ausgewählt wurde. In seinem Debut fing er einen Punt des gegnerischen Teams und trug diesem prompt für einen Touchdown in die gegnerische Endzone zurück. Doch sein Talent und seine Produktion als Return-Spezialist waren definitiv nur ein Extra für Sanders, der als einer der besten Cover-Cornerbacks aller Zeiten gilt. Vielleicht sogar als *der* beste. Zusätzlich zu seinen Fähigkeiten als Defense- und Special-Teams-Spieler fing Sander auch noch 60 Pässe für fast 800 Yards und drei Touchdowns als Wide Receiver. Insgesamt schaffte er es durch diese Receiving Touchdowns, Punt- und Kick-Returns sowie zurückgetragene Interceptions und Fumbles, 22 Touchdowns zu erzielen. Nach seinen ersten fünf Jahren in der Liga mit den Atlanta Falcons wechselte er für eine Saison zu den San Francisco 49ers, mit denen er sowohl Superbowl XXIX als auch den Preis für den besten defensiven Spieler der Saison gewann. Anschließend spielte er die nächsten fünf Jahre für die Dallas Cowboys, mit denen er seinen zweiten Superbowl-Ring (XXX) gewann. Nachdem er 2000 ein Jahr in Washington spielte, entschied er sich für einen Rücktritt aus der NFL. Drei Jahre später schockte er die Football-Welt mit einem Comeback und spielte zwei zusätzliche Jahre für die Baltimore Ravens. Nachdem er seine Karriere als Spieler endgültig beendete, begann er seine Laufbahn als Coach, die ihn inzwischen bis an die University of Colorado Boulder geführt hat. Hier coacht er unter anderem zwei seiner Söhne, die höchstwahrscheinlich bald selbst in der NFL spielen werden.

CB – Rod Woodson

Rod Woodson machte sämtlichen Quarterbacks der NFL das Leben 17 Saisons lang zur Hölle. Oft wurde die Spielfeldseite, auf der sich der athletische Cornerback positionierte, einfach komplett ignoriert. Woodson, der schon an der Purdue University seine Athletik ausnutzte, um mehrere Positionen auf dem Feld auf einem hohen Niveau zu spielen, war ein essenzieller Teil der dominanten Steelers Defense der frühen 90er Jahre. 10 seiner 17 Jahre verbrachte er bei den Pittsburgh Steelers, die ihn 1987 in der ersten Runde des Drafts auswählten. Zum Ende seiner Karriere spielte der Cornerback noch für die San Francisco 49ers, die Baltimore Ravens, mit denen er Superbowl XXXV gewann, sowie die Oakland Raiders, bei denen er nach der Saison 2003 seine Karriere beendete. Seine unglaublichen Instinkte, gepaart mit seinen überragenden athletischen Fähigkeiten sorgten dafür, dass er in seiner Karriere unglaubliche 71 Interceptions fangen konnte und 17 Touchdowns erzielte. Obwohl Techniken für Cornerbacks von Jahr zu Jahr angepasst werden, finden sich heute noch viele Beispiele von Rod Woodson in Lehrvideos wieder.

CB – Dick ‚Night Train' Lane

Wann immer die Frage nach dem „G.O.A.T." (Greatest of all Time), als dem „besten" Spieler aller Zeiten, einer Position aufkommt, gibt es viele Kriterien, die diese Entscheidung nahezu unmöglich machen. Verschiedene Begleitumstände, wie zum Beispiel Mitspieler oder Gegner, verschiedene Systeme, verschiedene Definitionen und vieles mehr sorgen dafür, dass es selten eine einstimmige Meinung gibt. Der größte Faktor ist jedoch die Zeit und die damit verbundenen Änderungen des Sports an sich. American Football sieht heutzutage komplett anders aus als in den 1950ern, als Richard Lane anfing, Football in der NFL zu spielen. Nach seinen Jahren in der Armee suchte Lane nach einem ‚guten Job' und bewarb sich bei den amtierenden Champions der Liga, den Los Angeles Rams. Diese sahen die Chance für ein gutes Erscheinungsbild in der Presse und gaben Lane seine Chance, sich zu beweisen. Lane tat mehr als nur das und begann seine NFL-Karriere mit einem Knall. In seiner Rookie-Saison brach Lane den Rekord für die meisten gefangenen Interceptions in einer Saison (14). Dieser Rekord bleibt bis heute ungebrochen, was umso beeindruckender ist, wenn man sich vor Augen hält, dass Lane nicht wie heute 17, sondern nur 12 Spiele in einer Saison zur Verfügung hatte. Sein Spitzname ‚Night Train' verdankte er seinem Mitspieler Tom Fears, in dessen Raum er während seines ersten Training-Camps viel Zeit verbrachte, um von Fears zu lernen. Dort wurde häufig der R&B-Song ‚Night Train' von Jimmy Forrest gespielt, zu welchem Lane vielen Aussagen zufolge gerne tanzte. Ursprünglich war der Name Lane aufgrund möglicher rassistischer Implikationen unangenehm, aber nachdem ihn mehrere Zeitungen übernahmen, benutzte Lane den Namen anschließend auch für sich selbst. Night-Train-Lane spielte nach seiner Zeit bei den Los Angeles Rams für die Chicago Cardinals und anschließend für die Detroit Lions, bei denen er seine dominanteste Zeit erlebte.

S – Ed Reed

Als Ed Reed 2002 von den Baltimore Ravens in der ersten Runde gedraftet wurde, kam er aus einem der besten College-Teams aller Zeiten, den 2001 Miami Hurricanes, in eine der erfolgreichsten NFL Defenses aller Zeiten. Reed schaffte es jeweils, trotz des hohen Levels um sich herum, hervorzustechen. In Miami wurde er in seinem letzten Jahr zu einem der besten Safeties im College-Football gewählt und bereits in seiner ersten Saison in der

NFL führte er die Ravens in gefangenen Interceptions an. Doch Ed Reeds dritte Saison, in 2004, war die, mit der er sich endgültig einen Namen als bester Safety der NFL machte. Mit 9 gefangenen Interceptions führte er die gesamte Liga an und sein 106 Yard Pick Six brach den Rekord für den längsten Interception Return; ein Rekord, der nur 4 Jahre bestehen blieb, bevor er gebrochen wurde – von Reed selbst. Seine Breakout-Saison sorgte dafür, dass Reed zum besten defensiven Spieler der Liga erklärt wurde. 2012, in seiner letzten Saison als Baltimore Raven, konnte er mit einer Interception im Superbowl XLVII bedeutend dazu beitragen, selbigen zu gewinnen. Sein letztes Jahr in der NFL verbrachte er erst bei den Houston Texans und anschließend bei den New York Jets. Ed Reed hält neben dem bereits erwähnten Rekord noch andere Bestmarken der NFL, so hat zum Beispiel kein Spieler mehr Interceptions in den Playoffs gefangen als er (9). Der Safety, der in das All-Decade-Team der 2000er Jahre gewählt wurde, dominierte in seiner Karriere durch sein unglaubliches Spielverständnis und seine Fähigkeit, gegnerische Quarterbacks zu lesen und zu riskanten Würfen zu verleiten.

S – Troy Polamalu

Fast zeitgleich mit Ed Reed spielte ein weiter der besten Safeties aller Zeiten. Troy Polamalu wurde 2003, ebenfalls in der ersten Runde, von den Pittsburgh Steelers gedraftet und verbrachte seine komplette zwölfjährige Karriere in Pittsburgh. Vielleicht am aussagekräftigsten über seinen Spielstil ist der Spitzname, den er von seinen Teamkollegen verliehen bekam: der Tasmanische Teufel. Polamalu war überall auf dem Spielfeld zu finden und als gegnerischer Quarterback konnte man sich nie darauf verlassen, dass Polamalu das tat, was normalerweise in einer Situation passieren würde. Viel von Troy Polamalus Verhalten und defensivem Genie lässt sich auf Filmstudien zurückführen. Dies ist ein absolutes Muss für Safeties auf jedem Level. Jedoch hat Polamalu selbst viele seiner spektakulärsten Plays auf seine Instinkte zurückgeführt und diese waren es, die ihn als Spieler wirklich einzigartig machten. 2010 spielte der Safety, der zu dem Zeitpunkt bereits die Superbowls XL und XLIII gewonnen hatte, eine besonders dominante Saison und wurde zum ‚Defensive Player of the Year' gewählt. Abseits vom Feld ist Troy Polamalu als sanftmütige Person und extrem uneigennützig bekannt, was dazu führte, dass er 2010 als ‚Walter Payton Man of the Year' ausgezeichnet wurde – ein Preis, der jährlich an Spieler vergeben wird, die starke Leistungen auf dem Feld mit hohem sozialen Engagement abseits davon verbinden.

S – Ronnie Lott

Für viele ist Ronnie Lott der Goldstandard, nicht nur was Safety-, sondern Defensive Back Play insgesamt angeht. Lott wurde als insgesamt achter Spieler des 1981er Drafts ausgewählt und spielte seine ersten zehn Saisons in San Francisco bei den 49ers. Bereits in seiner Rookie-Saison, als er noch als Cornerback aufgestellt wurde, fing der junge Defensive Back drei Interceptions und sicherte zwei Fumbles für sein Team. In den meisten anderen Jahren hätten seine starken Leistungen in seiner ersten Saison sicherlich für den Preis des besten defensiven Rookies der Saison gereicht, nur hatte Lott leider das Pech, im gleichen Jahr wie Lawrence Taylor gedraftet worden zu sein, dem vielleicht besten Footballspieler aller Zeiten. Als Ausgleich dafür konnte er jedoch direkt in seiner Rookie-Saison seinen ersten Superbowl gewinnen, als die 49ers in Superbowl XVI die Bengals bezwangen. Später kamen noch drei weitere Superbowl-Siege (XIX, XXIII und XXIV) für Lott hinzu. In Interviews, gerade nach seiner Karriere, betonte Ronnie Lott stets, wie wichtig ihm die Art war, wie er spielte. Er wusste, dass er nicht der athletischste Spieler war und versuchte dieses Defizit stets durch außergewöhnliche Technik, Instinkte und Härte im Spiel auszugleichen. Gerade seine Instinkte und sein hartes Tackling machten Lott zu einer Legende auf drei defensiven Positionen, denn Lott spielte sowohl als Cornerback als auch auf beiden Safety-Positionen auf einem extrem hohen Level.

LB – Ray Lewis

Nachdem der bereits erwähnte Jonathan Ogden der erste Pick in der Franchise-Geschichte der Baltimore Ravens wurde, war auch die zweite Wahl der ‚neuen' Franchise 1996 ein absoluter Homerun, um mich hier mal einer Metapher aus einer anderen amerikanischen Sportart zu bedienen. Auch Ray Lewis verbrachte seine komplette siebzehnjährige Karriere bei den Ravens. Direkt in seiner ersten Saison führte Ray Lewis sein Team in Tackles an. In seiner zweiten Saison übertrumpfte Lewis seine Vorjahresleistung und führte nicht nur die Liga in Tackles an, sondern stellte den Rekord für die meisten Solo-Tackles in einer Saison auf (156) – der bis heute nicht annähernd erreicht wurde. Über seine Karriere hält er den Rekord für die meisten Gesamt- und Solo-Tackles. Zweimal wurde Lewis zum defensiven Spieler des Jahres gewählt; unter anderem 2000, als er die vielleicht beste Defense aller Zeiten anführte. Auch gelang es ihm zweimal, den Superbowl zu gewinnen (XXXV, XLVII), unter anderem in seiner letzten Saison 2012. Abseits vom Feld ist Lewis eine umstrittene Persönlichkeit und seine Aufführung hier ist kategorisch nur auf seine Leistung auf dem Feld beschränkt. Dort war Ray Lewis mit an Sicherheit grenzender Wahrscheinlichkeit der gefürchtetste Linebacker des modernen Footballs.

LB – Derrick Brooks

Als Derrick Brooks 1995 in der ersten Runde von den Tampa Bay Buccaneers gedraftet wurde, war die Hoffnung groß, dass der junge Linebacker aus der Florida State University die poröse Buccaneers Defense der letzten Jahre verbessern könne. Brooks tat mehr als das und sorgte sowohl mit seinem Talent auf dem Feld als auch mit seinen Führungsqualitäten dafür, dass sich die Defense aus Tampa Bay innerhalb weniger Jahre zu einer der besten der Liga entwickelte. Bereits 1998 führte er die erste von insgesamt drei Saisons in seiner Karriere die Liga in Tackles an, ein Jahr nachdem die Buccaneers das erste Mal seit über 15 Jahren die Playoffs erreichten. 2002 war das beste Jahr in Brooks' Karriere: Die Buccaneers gewannen Superbowl XXXVII und er wurde zum ‚Defensive Player of the Year' gewählt. Derrick Brooks spielte seine komplette Karriere über nur für Tampa Bay und wurde nur in drei Jahren *nicht* in den Pro Bowl gewählt. Zusätzlich dazu kann er sich sechsfacher All-Pro nennen und wurde mit einer Wahl in das All-Decade-Team der 2000er Jahre geehrt.

LB – Dick Butkus

Während sich manche Leute um den Beginn und die Entstehung der Middle-Linebacker-Position streiten, ist eines klar: Dick Butkus hat die Position geprägt wie kein anderer. Es ist ein Leichtes zu sagen, man solle jeden Tag wie seinen letzten leben oder jedes Footballspiel wie sein letztes spielen, doch Butkus ging in diesem Vorsatz auf. Laut eigener Aussage war es sein Lebenstraum und das Einzige, was er sich jemals gewünscht hat, professionellen Football zu spielen. Doch er tat mehr als das; er dominierte die Liga. Der Linebacker, der alle seine neun Jahre in der NFL für die Chicago Bears spielte, brachte Athletik, Stärke und eine gewissen Grundaggressivität mit, die – gerade in den 60er und 70er Jahren, als er spielte – vonnöten war. Butkus erklärte in Interviews nach seiner Karriere, dass er sich vor seinen Spielen oft Gründe suchte, um Wut aufzubauen. Sah er Gegenspieler vor dem Spiel beim Warmmachen lachen, stellte er sich vor, sie lachten über ihn oder sein Team, die Bears. Seine Art, die Position zu spielen, prägte die NFL und vor allem seine Nachfolger bei den Bears wie zum Beispiel Mike Singletary und Brian Urlacher auf Jahre und Jahrzehnte. Natürlich brachte Butkus' physischer Spielstil auch Nachteile mit sich und so musste er nach nur neun Jahren in der NFL aus der Liga zurücktreten, da sein verletztes Knie nicht auf die durchgeführten Operationen ansprang. Doch neun Jahre reichten, um Dick Butkus für immer mit der Geschichte der NFL zu verknüpfen.

EDGE – Lawrence Taylor

Lawrence Taylor war bereits am College ein Star und so kam es wenig überraschend, dass er mit dem zweiten Pick des 1981er NFL Drafts von den New York Giants ausgewählt wurde. Taylor spielte jedoch von Anfang an auf einem Level, von dem man vorher nicht einmal hätte träumen können. Er erzielte neuneinhalb inoffizielle Sacks (Sacks wurden erst ein Jahr später zu einer offiziellen Statistik) und forcierte fünf Fumbles. In seiner ersten Saison wurde Taylor nicht nur zum defensiven Rookie des Jahres, sondern direkt zum defensiven Spieler des Jahres gewählt. Eine Leistung, die er in seiner zweiten Saison sofort wiederholte. Seine Kombination aus Technik, Athletik und purer Kraft war über seine gesamte Karriere von 13 Jahren zu viel für gegnerische Offensive Linemen. Er änderte das Bild von Outside-Linebackern in der NFL und sorgte dafür, dass die Position von einer mehr reaktiven zu einer aggressiven Rolle wurde. 1986 erzielte Taylor 20,5 Sacks, erzwang 3 Fumbles und wurde erneut zum defensiven Spieler der Saison sowie diesmal auch zum MVP ernannt. Eine Leistung, die seit 15 Jahren keinem defensiven Spieler gelungen war. Im gleichen Jahr gewann Taylor seinen ersten von zwei Superbowls (XXI und XXV). Ähnlich wie bei Ray Lewis gilt auch Taylor abseits des Feldes als kontrovers und seine Erwähnung hier bezieht sich ausschließlich auf seine Leistung auf dem Feld. Hier ist jedoch klar: Lawrence Taylor ist positionsübergreifend einer der besten Footballspieler aller Zeiten.

EDGE – Reggie White

Reggie White wurde am College der Spitzname ‚The Minister of Defense' verliehen. Während dies natürlich damit zu tun hatte, dass White bereits mit 17 zum Pfarrer ordiniert wurde, bekommt nicht jeder einfach so einen Spitznamen; White war besonders. Ebenso besonders war die Tatsache, dass der junge Edge Rusher seine professionelle Karriere nicht in der NFL, sondern der USFL begann – eine Konkurrenzliga, die nicht lange überlebte. Nachdem er also zwei Saisons bei den Memphis Showboats spielte, brauchte er nach dem Einsturz der USFL ein neues Team in einer neuen Liga. White stieg in Woche vier der Saison bei den Philadephia Eagles ein und hatte ein erinnerungswürdiges Debut, indem er zweieinhalb Sacks zum Erfolg seines Teams beisteuerte und einen Pass abfälschte, der von der Defense zum Touchdown zurückgetragen werden konnte. Er wurde zum Defensive Rookie des Jahres erklärt und sicherte sich zwei Jahre später den Titel des besten defensiven Spielers der 1987er-Saison. In seiner 15-jährigen NFL-Karriere spielte White außer für die Eagles noch für die Green Bay Packers, mit denen er seinen einzigen Superbowl (XXXI), in welchem er drei Sacks erzielte, und zwei Jahre später seinen zweiten ‚Defensive Player of the Year'-Titel (1998) gewann. Nach einem Jahr Pause schloss er sich 2000 für eine letzte Saison den Carolina Panthers an. Der ‚Pfarrer der Defense' hat die zweitmeisten Karriere-Sacks in der Geschichte der NFL, zwei weniger als Bruce Smith. Doch wenn White sich direkt nach dem College für eine Karriere in der NFL entschieden hätte, wäre er heute sicherlich der Rekordhalter.

EDGE – J. J. Watt

Viele Defensive-End-Spieler haben in der NFL Erfolg, weil sie außergewöhnlich athletisch, explosiv und flexibel sind. J. J. Watt ist in keiner dieser Rubriken unterdurchschnittlich, aber seine Stärken sind definitiv anders verteilt. Der First Round Pick der Houston Texans gewann seit seiner ersten Saison 2011 seine Duelle gegen gegnerische Offensive Linemen durch eine Kombination aus extrem flinken Bewegungen, erstaunlicher Stärke und seiner enorm guten Technik, wenn es darum geht, die Hände seiner Gegner zu kontrollieren. Gleichzeitig war Watt stets sehr flexibel einsetzbar und spielte nahezu jede Position und sogenannte Defensive Line ‚Technique' (engl. ‚Technik'). Er brauchte keinerlei Eingewöhnungszeit in der Liga und gewann in seinen ersten fünf Saisons dreimal den Titel für den besten defensiven Spieler der Saison. J. J. Watt spielte seine ersten zehn Saisons für die Houston Texans und beendete seine Karriere anschließend mit zwei Jahren bei den Arizona Cardinals. Er versuchte nie, sich einem besseren Team anzuschließen, nur um einen Superbowl zu gewinnen, sondern blieb dem Team, das ihn draftete, und der Stadt Houston über die komplette Top-Form seiner Karriere treu. Sein Bruder T. J. Watt spielt in der NFL für die Pittsburgh Steelers auf der gleichen Position wie sein älterer Bruder vor ihm und ist aktuell einer der besten Spieler der Liga. Auch abseits des Feldes gibt es nur positive Geschichten über J. J. Watt. Nach seiner aktiven Karriere arbeitet Watt nun als Footballanalyst im Fernsehen.

DT – ‚Mean' Joe Greene

Bei seiner Einführung in die Hall of Fame sagte Joe Greene sinngemäß, er wünsche sich, dass die Leute ihn als guten Footballspieler in Erinnerung behalten, der nicht wirklich gemein sei. Da alle Berichte dieses Urteil unterstützen, können auch zukünftige NFL-Fans sicher sein, dass sich ‚Mean' Joe Greene seinen Spitznamen mit seiner Spielweise auf dem Feld verdient hat, nicht mit seinem Verhalten abseits davon. Als Spieler gewann Joe Greene sowohl den Rookie of the Year Award (1969) als auch zweimal den Preis für den besten defensiven Spieler der Saison (1972, 1974). Bei den Pittsburgh Steelers, für die er alle seine 13 NFL-Jahre spielte, bildete er einen wichtigen Teil des bereits erwähnten ‚Steel Curtains'. Greene entwickelte eine komplett neue Technik für Defensive Tackles. Er positionierte sich nicht gerade gegenüber vom Offensive Guard, sondern stellte sich zwischen Offensive Guard und Center auf und drehte seinen Körper schräg nach innen. Sobald der Snap erfolgte, schoss Greene nach vorne und durch die Lücke zwischen Guard und Center ins Offensive Backfield. Durch diese neue Technik zerstörte er unendlich viele Plays gegnerischer Offenses. Mit den Steelers gewann er vier Superbowls (IX, X, XIII und XIV). Anfangs hatte ‚Mean' Joe Greene teilweise Probleme damit, seine Wut zu kontrollieren und war oft in kleinere Rangeleien und Anfeindungen verwickelt. Insgesamt lässt sich jedoch sagen, dass Greene ein unglaublicher Spieler und visionärer Defensive Lineman war, der abseits vom Feld als liebenswert wahrgenommen wurde und wird.

DT – Alan Page

Nachdem er am College gegnerischen Quarterbacks und Running Backs das Leben schwer machte, wurde der Defensive Tackle der University of Notre Dame 1966 im ersten kombinierten

AFL-NFL-Draft an zweiter Stelle von den Minnesota Vikings ausgewählt. Page war einer der ersten Defensive-Line-Spieler, die sich statt als purer Verteidiger als Aggressor sahen. Seine Schnelligkeit sowie sein Spielverständnis und seine hohe (Football-)Intelligenz verhalfen ihm zu konstantem Erfolg in seiner 15-jährigen Karriere. Der Defensive Tackle beendete seine Zeit in der NFL, bevor Sacks eine offizielle Statistik wurden, doch inoffizielle Statistiken schreiben ihm 173 Sacks und 28 geblockte Kicks zu. Page führte die Vikings zu vier Superbowls und spielte in 238 NFL-Spielen, die meisten davon mit Minnesota, bevor es ihn 1978 zu den Chicago Bears verschlug, mit denen er seine letzten vier Jahre bestritt. Schon während seiner Karriere als Footballspieler ging Page seiner anderen Leidenschaft nach und studierte an der juristischen Fakultät der University of Minnesota, von der er 1978 einen Juris Doctor erhielt. Während seiner letzten drei Saisons in der NFL fokussierte er sich in der spielfreien Zeit über den Frühling und Sommer auf seine juristische Tätigkeit und arbeitete in einer Anwaltskanzlei. Von 1993 bis 2015 war er als Beigeordneter Richter am Obersten Gerichtshof von Minnesota tätig. Nicht ganz das, was man als Klischee eines legendären Footballspielers im Kopf hat.

DT – Aaron Donald

Er ist einer von nur zwei noch aktiven Spielern auf der Liste, doch Aaron Donald gilt bereits jetzt als einer der dominantesten Defensivspieler, die es jemals gab. Viele Scouts haben körperliche Grundvoraussetzungen im Kopf, die Prospects erfüllen müssen, um hoch gedraftet werden zu können. Donald ist „nur" 1,85 Meter groß und passt damit nicht in das stereotypische Bild eines Defensive Tackles in der NFL. Inzwischen gibt es diese Anforderungen nicht mehr wirklich. Der Grund dafür: Aaron

Donald. Trotz seiner vermeintlich suboptimalen Größe wurde er 2014 an dreizehnter Stelle von den St. Louis Rams ausgewählt. Donald gewann den Titel des defensiven Rookies des Jahres und bereitete gegnerischen Offenses von Beginn seiner Karriere an Kopfschmerzen. Seine Kombination aus Explosivität, Kraft und Technik macht ihn nahezu unaufhaltbar. Zusätzlich dazu bietet seine oft kritisierte Größe einen seltenen Vorteil, da er häufig aus einer niedrigeren Position als gegnerische Offensive Linemen agieren kann, was zu einer vorteilhaften Hebelwirkung führt. Donald gewann den Defensive Player of the Year Award bisher dreimal (2017, 2018 und 2020) und brach 2018 den Rekord für die meisten Sacks in einer Saison von einem Defensive Tackle mit 20,5. Auch Donalds 2021 war wieder einmal dominant und verhalf den inzwischen in Los Angeles beheimateten Rams zum Sieg im Superbowl LVI. Aaron Donald hat nicht nur eine starke Karriere hinter sich, er hat auch bereits vor Ende seiner aktiven Zeit die Position des Defensive Tackles komplett verändert. Inzwischen suchen Teams nach dem ‚nächsten Aaron Donald', während der tatsächliche Aaron Donald auf dem Feld für so viel Unheil sorgt wie eh und je.

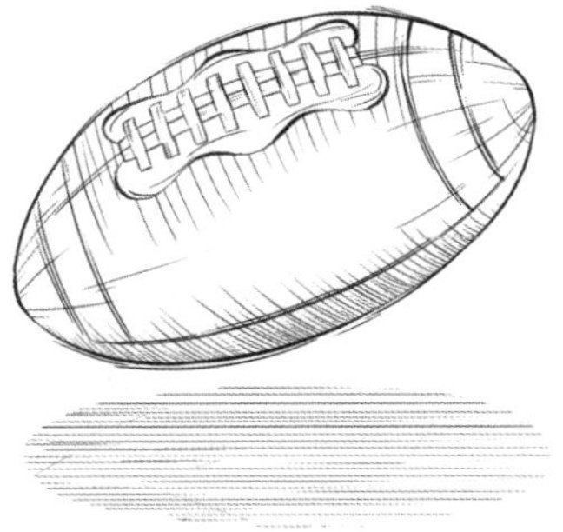

Kapitel 3
Die Grundlagen des American Football

Dass Football kompliziert ist, bestreitet niemand. Viele, mich persönlich eingeschlossen, würden Football vermutlich sogar als eine der kompliziertesten und komplexesten Sportarten der Moderne bezeichnen. Dieses Kapitel soll die Grundlagen des American Football so erläutern, dass du nach dem Lesen in der Lage sein sollst, zu verstehen, was bei einem American-Football-Spiel auf dem Feld passiert.

Das, was man meiner Meinung nach zuallererst über American Football wissen muss, ist, dass es ein Ballbesitzsport ist. Zu Beginn eines Spielzuges, im Football ‚Play' genannt, ist jederzeit klar ersichtlich, welches Team in Ballbesitz ist. Eine Ballbesitzphase wird im Football ein ‚Drive' genannt. Diese Mannschaft ist mit ihrer Offensivabteilung auf dem Feld, welche auch einfach ‚Offense' genannt wird. Sie spielt gegen die Defensivabteilung des gegnerischen Teams, deren ‚Defense'. Hier kann man bereits den ersten Unterschied zu vielen anderen Sportarten erkennen: Es gibt klar definierte Offense- und Defense-Spieler. Einzelne Spieler der Offense sind also dafür zuständig, den Ball so weit wie möglich in die gegnerische Spielhälfte zu befördern und im besten Fall Punkte zu erzielen, indem sie den Ball in der gegnerischen Endzone unter Kontrolle haben. Ziel der Spieler auf der defensiven Seite ist es, diese Raumgewinne zu unterbinden oder der gegnerischen Offense sogar den Ball und damit das Angriffsrecht zu entziehen.

Das ist bereits der Grundgedanke des Spiels: Die Offense eines Teams möchte den Ball nach vorne bewegen, die Defense des gegnerischen Teams will sie davon abhalten.

Ein Spiel wird in vier Viertel mit jeweils 15 Minuten aufgeteilt. Zwischen dem ersten und zweiten und dem dritten und vierten Viertel gibt es jeweils nur eine kurze Pause und die Spielrichtung der beiden Teams ändert sich. Zwischen dem zweiten und dritten Viertel findet eine längere Halbzeitpause statt, woraufhin die zweite Hälfte wieder mit einem Kickoff, also einer Art Anstoß, beginnt. American Football findet nicht als fließendes Spiel statt; vielmehr gibt es einzelne Plays. Anschließend wird der Ball je nach Raumgewinn oder -verlust durch die Schiedsrichter neu positioniert, beide Mannschaften stellen sich erneut auf und es folgt das nächste Play. Während dies für manch einen neuen Fan den aus anderen Sportarten gewohnten Spielfluss zerstört, sorgt diese Struktur jedoch dafür, dass jeder Spieler während eines Play 100 % geben kann und muss.

Die Offense hat zwei Möglichkeiten, Raumgewinn zu erzielen: Lauf- oder Passspiel. Beim Laufspiel bekommt ein Spieler der Mannschaft in Ballbesitz den Ball übergeben oder nach hinten zugeworfen und rennt anschließend so weit es geht nach vorne. Läuft er beispielsweise fünf Yards (die Maßeinheit im American Football) näher an die gegnerische Endzone als die Ausgangsposition des Balls am Start des Plays, hat er fünf Yards Raumgewinn erzielt.

Beim Passspiel darf das angreifende Team den Ball einmal pro Spielzug nach vorne werfen. Wird der Ball gefangen, darf der fangende Spieler anschließend, genau wie beim Laufspiel, noch so lange rennen, bis das Play beendet ist. Dies geschieht entweder dadurch, dass der Spieler in Ballbesitz ins Aus läuft, oder dadurch, dass er von einem gegnerischen Spieler zu Fall gebracht wird, was man ein ‚Tackle' nennt. Das erfolgreiche Fangen des Balles nennt man beim Football einen ‚Catch'.

Wie in Kapitel 1 erwähnt, gab es anfänglich keinerlei Rahmenbedingungen für den Raumgewinn. Offenses konnten den Ball in winzigen Schritten nach vorne bewegen und machten den Sport dadurch für Zuschauer komplett unattraktiv. Behoben wurde dieses Problem durch die Einführung von Versuchen, im American Football ‚Downs' genannt. Jedes Team hat also vier Versuche oder Downs, um einen bestimmten Fortschritt zu verbuchen, inzwischen zehn Yards. Wenn nach dem vierten Versuch ein Raumgewinn von weniger als zehn Yards erfolgte, geht das Angriffsrecht an das gegnerische Team über. Sollte mit einem der vier Versuche die Zehn-Yard-Grenze überschritten oder genau erreicht werden, gibt es an genau dieser Stelle einen Neustart; das angreifende Team erhält vier neue Downs, mit denen es zehn neue Yards überbrücken muss.

DIE POSITIONEN:

Der vermutlich wichtigste Spieler in jeder Offense und meistens im gesamten Team ist der Quarterback (QB). Er ist der Spielmacher und der Spieler, der für das Passspiel zuständig ist. In der stereotypischen Football-Offense bekommt der Quarterback immer als Erstes den Ball. Dieser wird ihm vom sogenannten ‚Center' durch die Beine zugeworfen oder gegeben, doch dazu später mehr. Der Quarterback hat nun, je nach gewähltem Spielzug, mehrere Möglichkeiten. Er kann den Ball zu einem anderen offensiven Spieler übergeben, der mit den Ball rennt, ihn zu einem offensiven Spieler werfen und damit einen Passspielzug durchführen oder sogar selbst mit dem Ball laufen. Er ist das ‚Gehirn' der Offense und muss stets über alles Bescheid wissen, was jeder andere Spieler der Offensive zu tun hat.

Im Laufspiel nimmt meisten der Running Back (RB) eine primäre Rolle ein. Er ist der Spieler, der dafür vorgesehen ist, den Ball übergeben zu bekommen und danach möglichst viele Yards zu erlaufen. Hier kann er sich jedoch in der Regel nicht frei für einen Weg entscheiden, sondern hat einen genauen Weg zu verfolgen, der von Spielzug zu Spielzug unterschiedlich sein kann. Bei Passspielzügen oder ‚passing plays' gibt es für den Running Back zwei Einsatzmöglichkeiten. Er kann hier entweder ein zusätzlicher Beschützer für den Quarterback sein und Gegner davon abhalten, in die Nähe des werfenden Spieler zu gelangen, oder er geht selbst auf eine festgelegte Passroute und wird zu einer zusätzlichen Anspielstation für seinen Quarterback.

Die eigentlichen Ballempfänger sind die Wide Receiver (WR). Ihr Geschick liegt besonders im Passspiel. Hier haben sie festgelegte Wege, die man auch Routen nennt. Es wird genau festgelegt, an welcher Stelle sie sich in welche Richtung drehen, wo sie stehen bleiben, über welche Schulter sie zum Quarterback zurückschauen und vieles mehr. Es ist eine technisch sehr anspruchsvolle Position. Im Idealfall rennen sie ihre Route so präzise oder sind durch den offensiven Spielzug so gut frei, dass sich kein Gegenspieler um sie herum befindet. Im Englischen nennt man den Status des Spielers nun ‚open', weswegen man auf Deutsch in Footballkreisen statt ‚frei sein' manchmal auch ‚offen sein' zu ungedeckten Spielern sagt. Wide Receiver können durch viele Fähigkeiten überzeugen. Es gibt Receiver, deren Stärke darin liegt, sehr groß zu sein und durch ihre langen Arme einen großen ‚Fang-Radius' zu haben. Gleichzeitig gibt es kleinere Spieler, die durch ihre Schnelligkeit, Flinkheit oder technische Raffinesse im Routenlaufen überzeugen. Bei Laufspielzügen ist es meistens die Aufgabe der Wide Receiver, ihren Gegenspieler zu blocken, damit dieser nicht in den Weg des Running Backs gelangt.

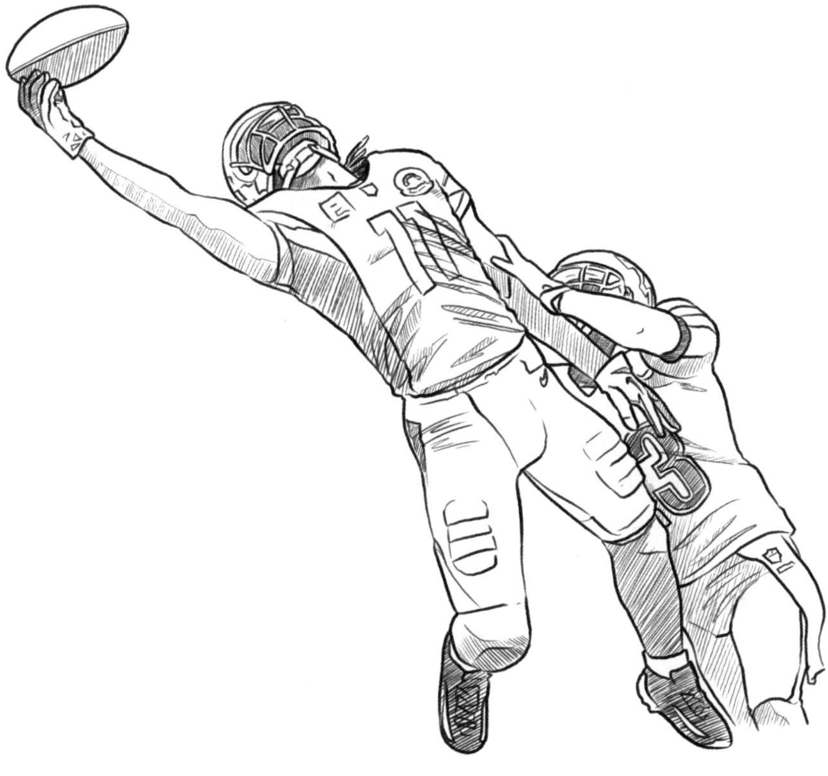

Die am häufigsten unterschätzten Positionen sind die in der sogenannten Offensive Line (OL). Diese besteht in der Regel aus fünf Spielern, von denen die beiden äußeren Offensive Tackles (OT) und der Spieler in der Mitte Center (C) genannt wird. Die Spieler, die auf beiden Seiten des Centers und innerhalb der

Offensive Tackles stehen, nennt man Offensive Guards (OG). Damit man bei den beiden Positionen, die doppelt vertreten sind (Offensive Tackles und Offensive Guards), weiß, um welchen von beiden es sich in einem konkreten Fall handelt, werden diese einfach mit Richtungen versehen. Die Tackles und Guards auf der linken Seite heißen Left Guard (LG) und Left Tackle (LT), die beiden auf der rechten Seite dementsprechend Right Guard (RG) und Right Tackle (RT).

Jeder Offensive Lineman hat im Passspiel grundsätzlich die Aufgabe, den Quarterback zu beschützen, indem sie Defensive Spieler von ihm fernhalten. Dabei müssen sie sehr akkurat zusammenarbeiten und perfekt kommunizieren, um sowohl vor als auch während des Plays zu wissen, welcher Offensive Lineman welchen defensiven Spieler blockt. Im Laufspiel sind sie beinahe noch wichtiger als im Passspiel. Hier sollen sie dem Ballträger den Weg freiräumen. Auch hier müssen sie oft zusammenarbeiten und sich im Gleichschritt bewegen – eine unterschätzte Herausforderung.

Der Center hat noch eine zusätzliche Aufgabe: Am Anfang jedes Plays muss er den Ball ins Spiel bringen. Dies geschieht durch einen sogenannten ‚Snap'. Der Center gibt hierbei dem Quarterback entweder durch seine eigenen Beine den Ball nach hinten oder wirft ihn, auch wieder durch seine eigenen Beine, ein paar Yards zum wartenden Quarterback. Entscheidend dafür ist die Position des Quarterbacks, der entweder genau beim Center oder ungefähr fünf Yards hinter ihm steht.

Tight Ends (TE) werden oft als Mischung aus Offensive Linemen und Wide Receivern beschrieben. Sie sind sehr vielseitig einsetzbar und müssen sowohl im Lauf- als auch im Passspiel in der Lage sein, gegnerische Spieler zu blocken. Gleichzeitig werden auch sie oft auf Passrouten geschickt, um als Anspielstation für den Quarterback zu dienen. Durch die Kombination aus

Wide-Receiver- und Offensive-Linemen-Heruasforderungen sind sie auch vom Körperbau oft ein Mittelding zwischen den beiden Positionen. Groß und stark, aber auch schnell genug, um Verteidigern davonzulaufen. Der Name Tight End kommt daher, dass sie traditionell häufig eng am Ende der Offensive Line stehen.

Eine Offensive-Aufstellung könnte beispielsweise so aussehen:

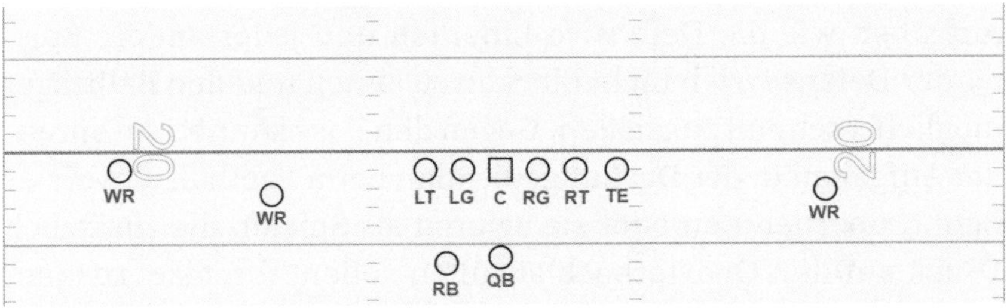

Die direkten Gegenspieler der Offensive Linemen sind die Defensive Linemen (DL). Hierzu zählen in der Regel die Defensive Tackles (DT), die in der inneren Defensive Line zu finden sind, und die Defensive Ends (DE), welche die äußeren Spieler der Line sind. Manchmal werden sie auch ‚Edge Rusher' genannt. Eine genaue Anzahl lässt sich hier nicht gut festlegen, da es sehr auf das defensive System ankommt, das von einem Team gespielt wird. Dazu mehr in Kapitel 5.

Defensive Linemen haben gegen den Lauf die grundlegende Aufgabe, den Ballträger zu Fall zu bringen, ihn also zu tacklen. In manchen Systemen liegt der Fokus hier auch mehr darauf, mehrere Offensive Linemen zu binden, um anderen Defense-Spielern den Weg freizumachen. Gegen den Pass ist es meistens die Aufgabe der Defensive Tackles und Ends, den gegnerischen Quarterback unter Druck zu setzen und ihn im besten Falle hinter der Line of Scrimmage zu Fall zu bringen, was man einen ‚Sack' nennt. Hat der Quarterback den Ball bereits geworfen, darf er nicht mehr angegangen werden.

Die nächste Reihe der Verteidigung bilden die Linebacker (LB), die in der Regel hinter der Defensive Line stehen. Ihre Aufgaben sind vielfältig und je nach Rolle innerhalb der Defense unterschiedlich. Auch hier müssen Linebacker verschiedener defensiver Systeme differenziert betrachtet werden. Sie müssen jedoch in jeder Defense sowohl gegen den Lauf als auch gegen den Pass verteidigen. Gegen den Lauf haben sie die gleichen Aufgaben wie die Defensive Linemen und jeder andere Spieler der Defense: sich nicht blocken zu lassen und den Ballträger möglichst schnell zu tacklen. Gegen den Pass können sie entweder Aufgaben in der Deckung, die man beim Football ‚Coverage' nennt, übernehmen oder sie agieren als Spieler, die zusätzlich Druck auf den Quarterback ausüben sollen, ihn also ‚rushen'. Solche zusätzlichen Spieler auf den Quarterback rennen zu lassen, nennt man ‚blitzen' oder ‚einen Blitz bringen'. Die Spieler, die als Unterstützung zur Defensive Line kommen, nennt man deswegen auch ‚Blitzer'.

Cornerbacks (CB) versuchen hauptsächlich, die gegnerischen Wide Receiver zu neutralisieren. Besonders gegen das Passspiel sind sie unglaublich wichtig. Bei einer Mannverteidigung, auch ‚Man Coverage' genannt, versuchen sie entweder, so eng wie möglich an einem bestimmten Receiver zu bleiben, um ihn den Ball nicht fangen zu lassen oder den Ball sogar abzufangen, was man ‚Interception' nennt. Hierbei würde der Ballbesitz direkt zur eigenen Offense übergehen. Bei einer Zonenverteidigung oder ‚Zone Coverage', verteidigen sie einen bestimmten Bereich des Feldes und versuchen zu verhindern, dass der Ball in ihrem Bereich gefangen wird. Es gibt noch andere Arten der Coverage, die Man- und Zone-Elemente miteinander verbinden, doch auch dazu mehr in Kapitel 5.

Zusammen mit den Cornerbacks bilden die Safeties (S) eine Gruppe, die man Defensive Backs (DB) nennt. Auch als Safety versucht man vor allem, die gegnerische Pass-Offensive zu verteidigen. Natürlich helfen Safeties auch, wie jeder Verteidiger, gegen das Laufspiel. Doch wie der Name Safety schon suggeriert, sind diese Spieler die letzte Linie der Verteidigung. Bei vielen Spielzügen sind sie vor allem dafür da, keine weiten Pässe oder Läufe der Offense zuzulassen und die Defense nach hinten abzusichern.

Eine defensive Formation richtet sich häufig sehr nach dem, was die Offense zeigt, könnte aber zum Beispiel so aussehen:

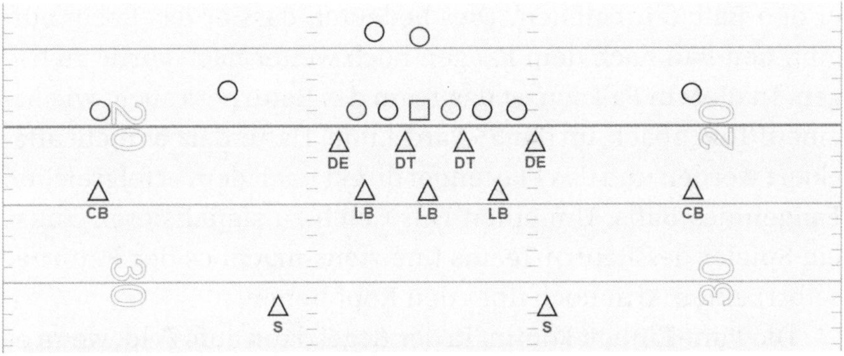

Neben der Offense und der Defense gibt es noch die sogenannten Special Teams. Hier gibt es drei große Bereiche: Punt, Kickoff-Team und Field Goal.

Das Kickoff Team ist sozusagen eine Spezialeinheit, die es extra für den Anstoß gibt, der beim Football Kickoff heißt. Zehn Spieler des Teams, welches den Kickoff durchführt, stehen in einer Linie nebeneinander. Sobald der Kickoff-Spezialist (in der Regel der Kicker (K) oder Punter (P) des Teams) den Ball vom Boden Richtung gegnerische Endzone geschossen hat, rennt das gesamte Team geschlossen das Feld herunter. Hier versucht die gegnerische Mannschaft, die mit ihrer Kickoff-Return-Einheit auf dem Feld ist, einen guten Return aufzubauen. Return bedeutet, dass ein Spieler der nicht-kickenden Mannschaft den Ball fangen und so weit wie möglich nach vorne tragen darf. Seine restlichen zehn Mitspieler auf dem Feld versuchen, ihm einen Weg freizublocken, und das gegnerische Team versucht, ihn zu tacklen. Schießt der Kickoff-Spezialist den Ball auf den Boden der gegnerischen Endzone oder sogar hinten aus dem Feld hinaus, erfolgt ein sogenannter Touchback. Das gegnerische Team darf nun mit dem Ball an der eigenen 25-Yard-Linie beginnen. Für den Returner (R) gibt es noch eine Sonderregel. Wenn er denkt, dass sein Return ihn nicht besonders weit führen würde, darf er den Ball ‚fair catchen'. Dies bedeutet, dass er das Recht aufgibt, den Ball nach dem Fangen noch weiter nach vorne zu tragen. In diesem Fall startet das Team des Returners auch, wie bei einem Touchback, an der 25-Yard-Linie. Dafür darf er nicht attackiert werden und das Play endet direkt nach dem erfolgreichen Fangen des Balls. Um einen Fair Catch zu signalisieren, muss ein Spieler des Return-Teams (meistens macht es der Returner selbst) einen Arm hoch über den Kopf heben.

Die Punt-Einheit kommt in der Regel dann aufs Feld, wenn es die Offense mit den ersten drei der vier zur Verfügung stehenden Versuche nicht geschafft hat, die nötigen zehn Yards Raumgewinn zu erzielen. Wenn die Offense sich dazu entscheidet, mit dem vierten Down zu probieren, die nötigen Yards zu erreichen, und scheitert, geht der Ballbesitz genau an der Stelle an den Gegner über, an der das vorherige Play beendet wurde. Dies würde dem gegnerischen Team eine exzellente Startposition bieten. Deshalb entscheidet man sich fast immer dazu, den vierten Versuch dazu zu benutzen, den Ball so weit wie möglich Richtung gegnerische Endzone zu schießen. Dazu gibt es den Punter. Er steht bei einer Punt-Formation ungefähr 14 Yards hinter dem Long-Snapper (LS).

Ein Long Snapper (LS) ist eine Art von spezialisiertem Center, der den Ball sehr weit und sehr genau durch die Beine nach hinten werfen kann.

Hier fängt der Punter den Ball, lässt ihn fallen und schießt ihn aus der Luft so weit und hoch wie möglich. Das gegnerische Team platziert einen Returner, der den geschossenen Ball fangen und zurücklaufen kann. Wird dieser zu Boden gebracht oder läuft ins Aus, beginnt die Offense des Punt empfangenden Teams an dieser Stelle mit seinem Ballbesitz. Fliegt ein Punt bis in oder durch die Endzone, so erfolgt auch hier ein Touchback. Anders als beim Kickoff startet das Team anschließend jedoch an der eigenen 20- statt der 25-Yard-Linie. Auch bei einem Punt kann der Returner auf einen Fair Catch zurückgreifen. Der Ball wird anschließend an der Stelle platziert, an der er gefangen wurde.

Die letzte Special-Teams-Einheit ist die Field-Goal-Einheit. Sie ist die einzige Gruppe der Special Teams, die sich aktiv mit dem Erzielen von Punkten beschäftigt. Hinter jeder Endzone stehen sogenannte Goal-Posts, die man auch einfach Pfosten nennen könnte. Sie sehen aus wie eine große Stimmgabel und bilden eine Art erhöhtes Tor ohne obere Begrenzung. Wenn eine Offense bereits drei Downs benutzt hat, ohne ein neues First Down erspielt zu haben, wird in der Regel gepuntet. Wenn man allerdings bereits weit genug in die Hälfte des Gegners vorgedrungen ist, kann man eine andere Option wählen und ein sogenanntes ‚Field Goal' probieren. Dazu kommt die Field-Goal-Einheit auf das Feld. Ähnlich wie beim Punt gibt es hier statt einem Center auch einen Long Snapper. Zu jeder Seite des Long Snappers stehen in der Regel vier weitere Spieler, die nur dafür da sind, gegnerische Spieler am Vorbeilaufen zu hindern. Ungefähr sieben Yards hinter dem Long Snapper kniet ein Spieler, der ‚Holder' genannt wird. Dies ist keine extra Position beim American Football; häufig wird hier entweder der Punter oder der Ersatz-Quarterback eingesetzt. Wenn das Play beginnt, snappt der Long Snapper den Ball nach hinten zum Holder, der den Ball fängt und ihn senkrecht auf den Boden vor ihn stellt. Mit seiner Hand sichert der Holder den Ball und verhindert, dass er umfällt. Bereits während der Ball vom Holder aufgestellt wird, nimmt der Kicker seinen Anlauf auf und schießt anschließend den Ball vom Boden aus durch die Torstangen, beim Football auch ‚Uprights' genannt werden. Gelingt dieser sogennante Field-Goal-Versuch, gewinnt das Team drei Punkte. Wenn der Versuch scheitert, bekommt das gegnerische Team den Ballbesitz an der Stelle, von der der versuchte Kick erfolgte.

Neben dem Field-Goal gibt es noch drei weitere gängigen Arten, Punkte zu erzielen.

Die bekannteste ist natürlich der Tochdown. Ein Touchdown kann erzielt werden, indem das angreifende Team den Ball in der gegnerischen Endzone in Besitz hat, und bringt sechs Punkte ein. Wie der Ball in die Endzone des Gegners gelangt, ist hierfür irrelevant, solange es regelkonform geschieht. Ein Touchdown kann also sowohl durch das Hineintragen des Balles als auch durch einen Catch von einem bereits in der Endzone stehenden Spieler erfolgen.

Nach einem Touchdown hat das punktende Team zwei Möglichkeiten, ihren Punktestand noch weiter zu erhöhen, bevor der nächste Kickoff erfolgt und sie den Ball an das gegnerische Team abgeben müssen. Sie können entweder probieren, ein kurzes Field-Goal zu schießen, was man in dem Szenario einen Extrapunkt oder einen PAT, einen ‚Point After Touchdown' nennt. Dafür bekäme das Team einen einzigen zusätzlichen Punkt. Entscheidet man sich gegen diese Möglichkeit, spielt man eine sogenannte ‚Two-Point-Conversion'. Die Mannschaft, die den Tochdown erzielt hat, bekommt einen zusätzlichen Versuch, von der Zwei-Yard-Line noch einmal in die Endzone zu gelangen. Wenn dies gelingt, bekommt das Team zwei zusätzliche Punkte.

Auch die letzte gängige Art, Punkte zu erzielen, bringt zwei Punkte ein. Wenn ein Spieler der Offense mit Ballbesitz in der *eigenen* Endzone getackelt wird oder es eine Strafe gegen die Offense in der eigenen Endzone gibt, bekommt die Mannschaft der Defense zwei Punkte gutgeschrieben. Dies nennt man einen ‚Team-Safety'. Anschließend bekommt die Mannschaft der bisherigen Defense auch noch den Ball durch einen ‚Safety-Punt' übergeben. Ein Team-Safety kommt sehr selten vor, doch es ist nahezu das Beste, was eine Defense erreichen kann. Nicht nur hat sie selbst Punkte erzielt, statt nur gegnerische zu verhindern, sondern sie hat gleichzeitig der eigenen Offense das Ballrecht gesichert.

Auch wenn es von außen kompliziert wirkt, steckt hinter dem American Football ein einfaches Prinzip. Die Offense will nach vorne und die Defense versucht, es zu verhindern.

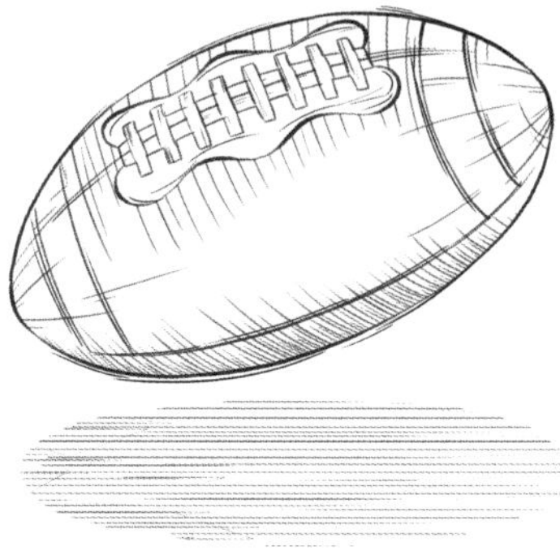

Kapitel 4
Offense verstehen

Was macht eine gute Offense aus? Sind es die Punkte, die am Ende auf das Scoreboard gebracht werden? Sind es die Yards, die sie in einem Spiel erzielen kann? Oder ist es sogar die Ballkontrolle, die es der eigenen Defense ermöglicht, sich möglichst lange am Seitenrand zu erholen, während der Ball stetig über das Feld getragen wird? All das und noch vieles mehr kann eine gute Offense ausmachen; es gibt keine pauschale Antwort. Unterschiedliche Gegner und unterschiedliche Spielsituationen können komplett verschiedene Ansätze einer Offensive erfordern.

In diesem Kapitel werden einige Grundideen, Strategien und offensive Philosophien erläutert werden. Da sich offensiver Football rasant entwickelt und es unterschiedliche Geschmäcker gibt, gehe ich hier natürlich hauptsächlich auf meine eigene Meinung ein. Des Weiteren ist noch zu erwähnen, dass viele Begriffe im Football nicht einheitlich verwendet werden und es teilweise mehrere Wörter für gleiche Plays, Formationen und Konzepte gibt. Bei manchen Teams ist beispielsweise eine ‚Whip' Route das Gleiche wie eine ‚Pivot' Route, während diese bei anderen Teams entscheidende Unterschiede aufweisen. Begriffe, die in diesem Buch verwendet werden, sind also keinesfalls die ‚einzigen richtigen' Begriffe, sondern lediglich die, die ich in meiner American-Football-Zeit gelernt habe und jetzt verwende.

Auch wenn wir hin und wieder Beispiele für sehr einseitige erfolgreiche Offenses sehen, ist es für mich nicht verhandelbar, dass eine dominante Offense balanciert sein muss. Das bedeutet, dass sie sowohl über das Passspiel als auch über das Laufspiel gefährlich sein muss. Beides muss in das Spiel integriert werden und im Notfall in der Lage sein, Defizite des jeweils anderen Bereichs auszugleichen. Der erste Grund dafür ist, dass es verhindert, in ein extrem schlechtes Matchup zu geraten. Für einseitige Offensivabteilungen kann genau das ein schwerwiegendes Problem werden. Eine Offense, die sich beispielsweise nur auf ihr Passspiel verlässt, wird große Schwierigkeiten haben, eine Defense zu überwinden, die eine extrem starke Passverteidigung aufweisen kann. Nun müsste die Rushing Offense übernehmen, was bei einer passlastigen Offense oft nicht leicht ist.

Gleichzeitig machst du es einer Defense sehr schwer, Tendenzen zu erkennen, wenn du in vielen Ausgangslagen weder sehr pass- noch lauflastig spielst. Das ist der nächste Punkt, der offensiven Football von gut zu elitär transformieren kann: Unberechenbarkeit. Viele Defensive Coaches und, je nach Leistungsniveau, auch defensive Spieler verbringen einen Großteil der Vorbereitung auf ein Spiel damit, sich die gegnerische Offense anzugucken und so viele Informationen wie möglich zu sammeln.

Wichtig hierfür sind vor allem sogenannte ‚Down and Distance'-Tendenzen. Der Begriff ‚Down and Distance' bezieht sich auf das entsprechende Down einer Situation und die noch zu erreichende Yardzahl für ein neues First Down. Wenn man also mit dem ersten Versuch eines Drives vier Yards gewinnen konnte, befindet man sich danach im zweiten Versuch und muss noch sechs Yards bis zum nächsten First Down gewinnen. Die ‚Down and Distance'-Situation würde man nun als ‚second and six' oder auf Deutsch ‚zweiten und sechs' bezeichnen.

Gerade im zweiten Down zeigen viele Teams ihre Tendenzen. Passlastige Teams versuchen hier eher durch ihren Quarterback Erfolg zu finden, während es für lauflastige Teams oft eher erfolgversprechend sein kann, sich auf das Running Game zu stützen. Je weniger man zu dem einen oder anderen neigt, umso schwieriger macht man es Defenses, sich auf das Pass- oder Laufspiel einzustellen. Defensive Spieler müssen nun in mehr Situationen für beides gewappnet sein und haben dadurch den kleinstmöglichen Vorteil durch ihre Vorbereitung. Diese Vorbereitung, in der man sich bisherige Spiele des gegnerischen Teams anguckt, nenn man auch ‚Film Study'.

Moderner Football ist Schach – ein häufiger Vergleich, der umso mehr Sinn ergibt, je tiefer man sich mit der Materie beschäftigt. Im modernen Football versuchen Offenses so sehr wie noch nie, der Defense keine Hinweise darauf zu geben, welches Play gespielt wird. Es gilt die Regel, so viel wie möglich gleich aussehen zu lassen, was sowohl auf die Offense insgesamt als auch auf einzelne Spieler bezogen werden kann.

Betrachten wir das Ganze am Beispiel des Wide Receivers. Receiver müssen verschiedenste Routen rennen. Die meisten davon führen für wenigstens ein paar Schritte geradeaus. Diesen Teil der Route nennt man den ‚Stem', also den ‚Stamm' oder ‚Stengel' der Route. Der Stem kann unterschiedlich lang sein; meist ist seine Länge durch Schritte festgelegt. Anschließend kann ein Richtungswechsel in etliche erdenkliche Richtungen erfolgen. Diese Richtungswechsel nennt man im Football ‚Cuts'. Der Teil, der bei jeder Route gleich aussehen soll, ist der Stem. Dafür gibt es eine Faustregel für Wide Receiver: „Everything's a go until it's not", was bedeutet, dass jede Route so aussehen soll, als würde man eine Go-Route (einfach geradeaus das Feld herunter) mit voller Geschwindigkeit rennen, bis dann der Cut in die entsprechende Richtung kommt. Man will dadurch dem verteidigenden Spieler die Chance nehmen, zu erkennen, welche Route gelaufen wird, oder frühzeitig zu sehen, dass der Wide Receiver demnächst seine Richtung ändert.

Für Quarterbacks gibt es ähnliche Regeln, gerade was sogenannte ‚Play-Action-Spielzüge' betrifft. Ein Play-Action-Spielzug ist ein Passspielzug, bei dem zuerst vorgetäuscht wird, dass es sich um einen Laufspielzug handle. Der Quarterback tut so, als würde er dem Running Back den Ball übergeben, ehe er ihn wieder an sich zieht, um ihn zu einem Passempfänger zu werfen. Auch hier gilt, dass der Defense so wenig Hinweise wie möglich gegeben werden sollen. Eine angetäuschte Ballübergabe und eine tatsächliche Ballübergabe müssen also möglichst identisch aussehen.

Auch Offensive Linemen könnten der Defense Hinweise darauf geben, welche Art von Spielzug gleich erfolgt, sogenannte ‚Tells'. Ein oft genanntes Beispiel dafür wirkt zunächst sehr kleinlich, zeigt aber gut, wie winzig diese Tells sein können. Wenn ein Passspielzug durchgeführt wird, gehen Offensive Linemen in einen Modus, den man ‚Pass-Protection' nennt. Die Kurzform ist: Niemand darf zum Quarterback. Bei Laufspielzügen haben sie eine andere Aufgabe: das ‚Run-Blocking'. Hier gilt es, dem Ballträger einen möglichst klaren Weg durch die Defense zu bahnen.

‚Stance' beschreibt die Ausgangsposition von jedem Spieler, die er, entsprechend seiner Position vor dem Snap einnimmt.

Da sich Offensive Linemen bei der Pass-Protection zuerst nach hinten und beim Run-Blocking zuerst nach vorne bewegen, verteilen sie häufig in ihrem Stance ihr Gewicht anders. Sie lehnen sich etwas nach vorne oder etwas zurück. Gerade früher, als viele Offensive Linemen noch keine Handschuhe trugen, wurde defensiven Spielern oft beigebracht, sich die Hände der Offensive Linemen anzugucken, mit welchen sie sich abstützen. Werden die Fingerknöchel langsam weiß, konnte man davon ausgehen, dass sich die O-Liner mit viel Gewicht darauf abstützten, weil sie wissen, dass sie sich gleich nach vorne bewegen müssen. Wenn nicht, geht man davon aus, dass sich das Gewicht des entsprechenden O-Liners eher nach hinten verlagert und er gleich nach dem Snap in den Pass-Protection-Modus übergehen würde.

Selbst für Running Backs gibt es Tells, die von der Defense ausgenutzt werden könnten. Zuallererst sollten Running Backs in den gleichen Formationen stets den gleichen Abstand zu Quarterback halten. Ansonsten könnte es ein Hinweis darauf sein, ob sie sich den Ball beim Quarterback abholen oder nach außen auf eine Route gehen. Des Weiteren wird Running Backs auf höheren Level wie der NFL oder beim College Football beigebracht, in ihrem Stance nicht den Kopf zu bewegen, sondern nur ihre Augen. Grund dafür ist, dass Running Backs oft als zusätzliche Unterstützung der Offensive Linemen in der Pass Protection aushelfen. Wenn sie dies tun, müssen sie häufig nach defensiven Spielern in gefährlichen Positionen suchen und das Feld ‚scannen'. Dieser Scan und die damit verbundene Kopfbewegung von Seite zu Seite könnten ein Hinweis für Defender sein, dass der Running Back weder mit dem Ball laufen noch auf eine Route gehen soll.

Auch die Offense als gesamte Einheit hat komplizierte Mittel, um zu verheimlichen, welches Play gelaufen wird. Diese unterscheiden sich stark nach dem Level des jeweiligen Teams und der Liga. Teams in der höchsten deutschen Liga, der GFL (German Football League), trainieren in der Regel drei bis vier Einheiten pro Woche. Teams in der unteren deutschen Liga zwei- bis in Einzelfällen vielleicht sogar nur einmal. Im amerikanischen System sieht das schon ganz anders aus. Die Top High-School-Teams trainieren täglich, im College und der NFL haben Spieler oft mehrmals am Tag Einheiten, die sie teils auf dem Feld und teils in Räumen zum Lernen verbringen. Dadurch haben Teams auf verschiedenen Levels deutlich mehr Zeit, Plays zu entwickeln und zu verheimlichen.

Der einfachste und am wenigsten zeitaufwendige Weg, für die gegnerische Defense unberechenbar zu bleiben, ist es, wenige Formationen zu benutzen. Eine Formation nennt man die spezifische Aufstellung der Spieler vor dem Snap. Für die Offense steht die Offensive Line außer in extrem speziellen Fällen immer gleich. Auch der Quarterback steht meistens genau hinter dem Center. Steht er unmittelbar hinter ihm, nennt man das eine ‚Under-Center'-Formation. Steht er ungefähr fünf Yards entfernt, handelt es sich entweder um eine ‚Shotgun'- oder ‚Pistol'-Formation, je nach Position des Running Backs.

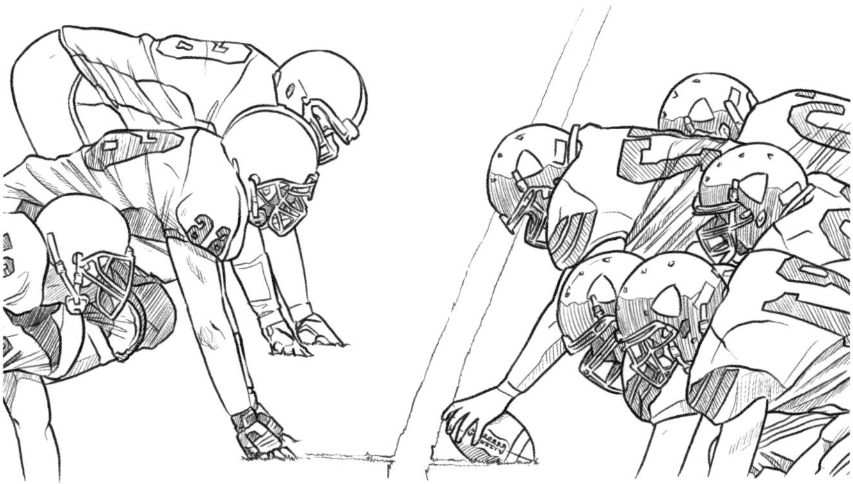

Wichtig für die verbleibenden fünf Spieler ist jetzt, dass immer mindestens sieben Spieler an der Line of Scrimmage stehen müssen. In der Regel steht jeweils rechts und links von der Offensive Line ein offensiver Spieler auf der gleichen Höhe, egal, wie weit nach außen entfernt. Nur die beiden äußersten Spieler an der Line of Scrimmage und alle Spieler, die weiter hinten stehen (im Football das ‚Backfield' genannt), sind nach den Regeln dazu berechtigt, einen Pass zu fangen. Aus einer einzigen Formation lassen sich unendlich viele Spielzüge oder ‚Plays' durchführen.

Wenn man aus bestimmten Formationen jeweils nur zwei der drei verschiedenen Plays benutzt, kann es das dem Gegner einfacher machen, einzugrenzen, welchen Spielzug er gleich verteidigen muss. Gibt es nur eine offensive Formation, kann der Gegner keine Spielzüge ausschließen. Gleichzeitig stellt man die Defense damit natürlich vor keine erweiterte Aufgabe, wenn es darum geht, sich richtig zu positionieren. Der Verwirrungsfaktor, den sich viele Offenses gerne zunutze machen, geht hier also komplett verloren. Trotzdem kann diese Taktik der wenigen Formationen ein probates Mittel sein, wenn man nur begrenzt Zeit hat, Spielzüge zu installieren und mit seinem Team zu besprechen.

In der modernen NFL gibt es mehr ‚Motions' als je zuvor. Motion bedeutet, dass sich ein Spieler der Offense in Bewegung befindet, während der Ball gesnappt wird und das Play beginnt. In den allermeisten Footballligen ist dies nur gestattet, solange sich nicht mehrere Spieler gleichzeitig bewegen, der entsprechende Spieler zu Beginn der Motion nicht an der Line of Scrimmage stand und sich zum Zeitpunkt des Snaps nicht in Richtung der gegnerischen Endzone bewegt. Diese Motions können natürlich auf der einen Seite dazu dienen, ein wenig Geschwindigkeit aufzubauen, in der Regel sind sie jedoch hauptsächlich dafür da, die gegnerische Defense zu verwirren.

Die folgenden drei Grafiken beinhalten drei verschiedene Plays, die alle sowohl aus der gleichen Formation als auch mit der gleichen Motion gelaufen werden.

Der innere Wide Receiver (oft auch Slot Receiver genannt) geht in jedem Play in Motion, was durch die gestrichelte Linie gekennzeichnet wird. Er steht zu Beginn der Motion nicht vorne an der Line of Scrimmage und bewegt sich zum Zeitpunkt des Snaps (in dem Moment wird die Linie durchgehend) nicht in Richtung der gegnerischen Endzone. Deswegen handelt es sich um eine legale Motion.

Linien mit einem Pfeil am Ende stellen den Verlauf von Passrouten dar. Linien, die am Ende einen kleinen Querstrich haben, stehen dafür, dass der entsprechende Spieler hier einen Block setzen soll.

Play 1A:

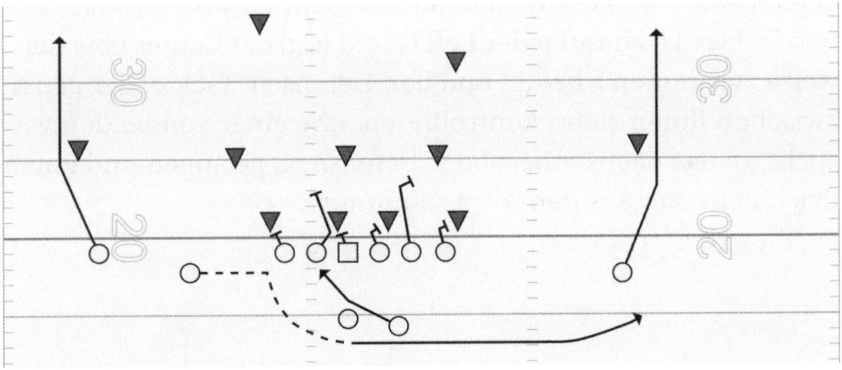

Play 1A ist ein Laufspielzug. Die Motion soll hier einerseits dafür sorgen, die Augen der Defense und vor allem die der Linebacker, zu beschäftigen. Sie sollen denken, dass die Motion etwas zu bedeuten hat und der Spieler, der in Motion geht, eine wichtige Rolle für das Play hat. Die beiden äußeren Wide Receiver führen einen sogenannten ‚Runoff' durch. Sie laufen außen an den ihnen gegenüberstehenden Cornerbacks vorbei und zwingen diese so dazu, mit ihnen mitzulaufen. Die Cornerbacks wissen nicht, dass es sich um einen Laufspielzug handelt, und müssen die Wide Receiver decken oder ‚covern'. Der Quarterback fängt den Ball und übergibt diesen an den Running Back. Anschließend kann er noch so tun, als würde er selbst den Ball noch haben und mit diesem nach rechts rennen oder ihn nach rechts werfen wollen. Auch das würde wieder nur zur Ablenkung und Verwirrung dienen.

Der Running Back empfängt den Ball und attackiert die ihm vorgegebene Richtung. Meistens hat er einen sogenannten ‚Aiming Point', also einen Punkt, der ihm vorgibt, zu genau welcher Stelle er zuerst zu rennen hat. Meistens ist es ein Fuß oder die Hüfte eines bestimmten Offensive Lineman. Anschließend reagiert er auf die vor ihm freiwerdenden Räume und versucht, Lücken in der Defense zu finden. Die Offensive Line und der Tight End haben einen genauen Blocking-Plan und jeder Spieler weiß, wen er im Idealfall in welche Richtung zu blocken hat. In Play 1A könnten der Left Guard und der Center beispielsweise zusammenarbeiten und den Defensive Tackle, der genau zwischen ihnen steht, kontrollieren, ehe einer von beiden versucht, in das nächste Level der Defense zu gelangen und einen der Linebacker aus dem Weg zu räumen.

Play 1B:

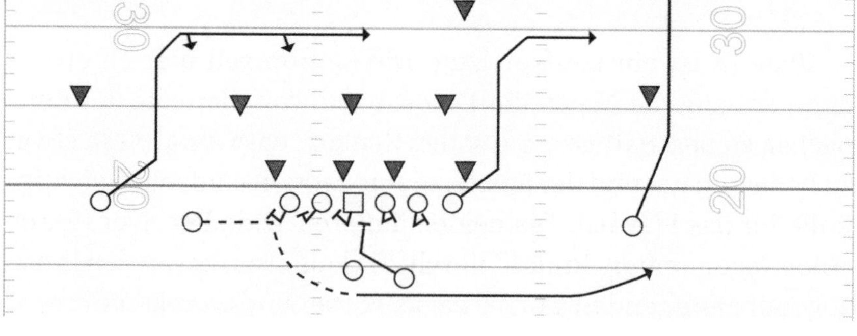

Play 1B könnte auf Play 1A aufbauen. Hierbei handelt es sich um einen Play-Action-Spielzug; es wird angetäuscht, Play 1A zu laufen. Im Idealfall wurde im vorherigen Spielverlauf bereits ein- oder zweimal auf Play 1A zurückgegriffen. Die Defense könnte nun denken, durch die Motion zu erkennen, um welches Play es sich handelt, und versuchen, den Laufspielzug zu stoppen. Nachdem der Quarterback so tut, als würde er dem Running Back den Ball geben, geht dieser in Pass-Protection über, genau wie die gesamte Offensive Line. Die Wide Receiver und der Tight End, der rechts neben dem Right Tackle steht, rennen ihre festgelegten Routen.

Bei Play 1B handelt es sich um ein beliebtes NFL-Konzept, das ‚Sail'-Konzept. Es ist ein sogenanntes ‚Flood'-Play, weil es eine Seite des Feldes mit mehreren Routen ‚überflutet'. Designet wurde es, um einen Konflikt für den verbleibenden Defender außen am Feld zu kreieren. Der rechte Receiver läuft eine Sail- oder Go-Route, die ihn einfach vertikal über das Feld führt. Er bleibt damit natürlich eine valide Anspielstation, ist aber primär dafür zuständig, die tiefe Coverage auf der Feldseite zu beschäftigen und mit sich mitzuziehen. Der Receiver, der anfangs in Motion gegangen ist, rennt nach rechts in einen Bereich, der die ‚Flat' genannt wird. Es ist der seitliche Bereich des Spielfeldes ein paar Yards vor und hinter der Line of Scrimmage. Der Tight End läuft eine Route, die ihn erst ein paar Schritte vor und dann, nach seinem Cut, nach außen führt. Diese Route wird ‚Deep Out' oder nach dem Konzept auch ‚Sail'-Route genannt.

Der Verteidiger, der für den Bereich rechts an der Seitenlinie zuständig ist, muss sich nun für einen der beiden Spieler entscheiden. Der andere Spieler ist ungedeckt und der Quarterback kann ihm den Ball zuwerfen. Natürlich gibt es auch defensive Mittel, um dieses Play zu verteidigen, aber dazu an anderer Stelle mehr.

Play 1C:

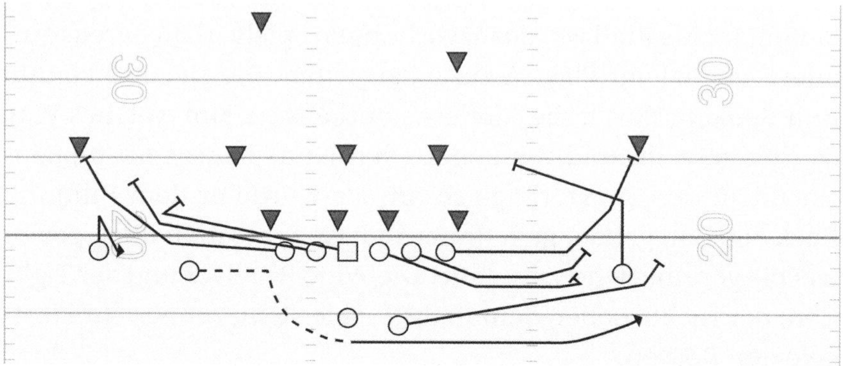

Play 1C ist das dritte Play der Reihe. Eventuell hat sich die Defense gut angepasst und ist sowohl auf Play 1A als auch auf Play 1B vorbereitet. Nun ist es erneut Zeit für die Offense, einen Schritt weiter zu denken.

Play 1C gilt als Passspielzug, ist jedoch kein gewöhnlicher Pass. Hierbei handelt es sich um ein sogenanntes ‚Screen'-Play. Der Ball wird dabei ohne großen Raumgewinn, meist sogar hinter der Line of Scrimmage, zu einem Receiver, Running Back oder Tight End geworfen. Andere Spieler blocken in diesem Play, statt selbst Routen zu laufen. So versucht man den Ballträger in einen Bereich zu bringen, in dem er viel Platz, wenig Gegner und einen eigenen Vorblocker hat.

In Play 1C ist die erste Option, den Ball zum Spieler in Motion zu werfen. Der Receiver auf der Seite des Plays blockt, je nach offensiver Philosophie, den Cornerback oder, wie in unserem Beispiel, einen inneren Defender. Gleichzeitig arbeiten der Tight End, der Running Back und die beiden rechten Offensive Linemen nach außen, um als Vorblocker für den ballfangenden Spieler zu agieren.

Außerdem ist in Play 1C eine zweite Option eingebaut. Wenn der Quarterback den Ball fängt und sieht, dass die rechte Seite zu gut verteidigt wird, hat er die Möglichkeit, sich nach links zu drehen und dem Wide Receiver auf der linken Seite den Ball zuzuwerfen. Dieser täuscht an, nach vorne zu rennen, dreht sich dann jedoch wieder um, um den Ball fangen zu können. Der Left Tackle, der Left Guard und der Center kommen alle zu seiner Seite, um hier als Vorblocker zu arbeiten.

So könnten drei komplett verschiedene Plays identisch aussehen und die Defense vor große Schwierigkeiten stellen.

Je kleiner das Playbook ist (also die Menge der verschiedenen Plays, die ein Team installiert hat), umso mehr sollte darauf Wert gelegt werden, mehrere Plays gleich aussehen zu lassen. Ein Team mit über 100 verschiedenen Plays kann es sich erlauben, aus bestimmten Formationen nur ein Play oder weniger verschiedene Plays zu laufen, da es für den Gegner schwierig wird, die verschiedenen Formationen in der Hitze des Gefechts zu erkennen. Wenn einem Team allerdings nur zehn Plays zur Verfügung stehen und es eine Formation gibt, aus der nur ein einziges Play gelaufen wird, wird jede gute Defense darauf vorbereitet sein und anhand der Aufstellung bereits wissen, was die Offense spielen wird.

Ein weiterer Weg, um Plays zu ‚beschützen', also sie nicht durch ihre Motion oder Formation zu verraten, ist es, das gleiche Play aus verschiedenen Formationen zu laufen. Die folgenden drei Grafiken zeigen das gleiche Play aus drei verschiedenen Formationen mit verschiedenen Spielern auf dem Feld.

Play 2A:

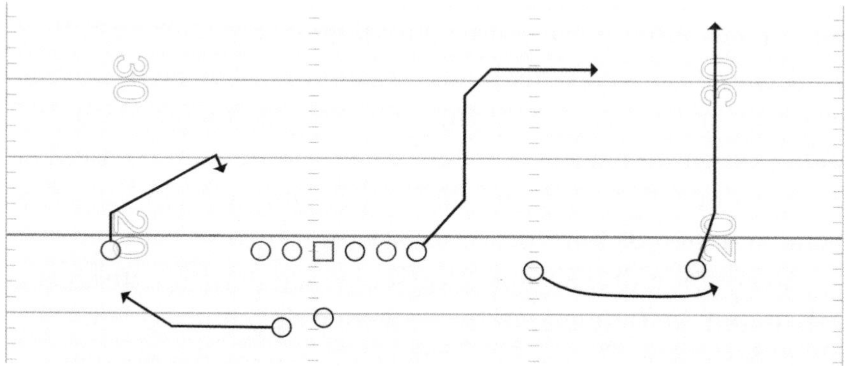

Alle drei Plays greifen die gleichen Bereiche der Defense an. In Play 2A läuft der rechte Wide Receiver eine Go-Route, um die tiefe Coverage wegzuwaschen. Der Slot-Receiver rennt eine sogenannte Swing-Route und endet in der rechten Flat. Der Tight End gewinnt zuerst etwas Raum nach außen, bevor er das Feld hochrennt und anschließen nach außen ausbricht.

Play 2B:

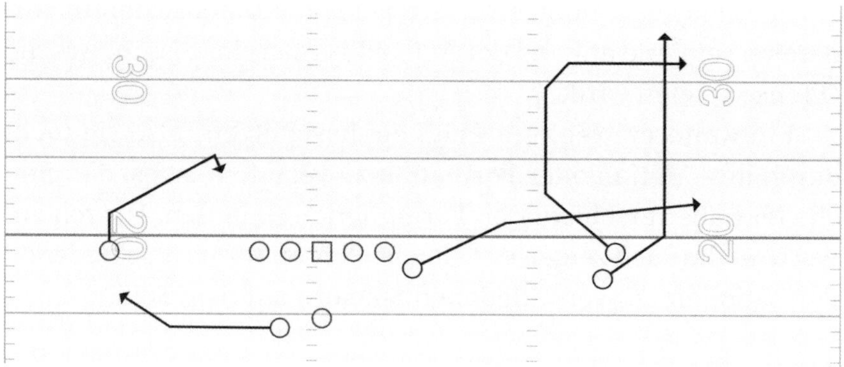

In Play 2B stehen zwei Receiver entweder genau voreinander oder leicht seitlich versetzt hintereinander, was man im Football einen ‚Stack' nennt. Der innere Receiver gewinnt Raum nach außen und übernimmt danach die Go-Route. Der äußere Receiver driftet erst etwas nach innen ab, ehe er gerade läuft, um anschließend nach außen an den Bereich bei der Seitenlinie zu gelangen. Der Tight End übernimmt diesmal den Job des Spielers, der in der Flat-Zone enden muss.

Play 2C:

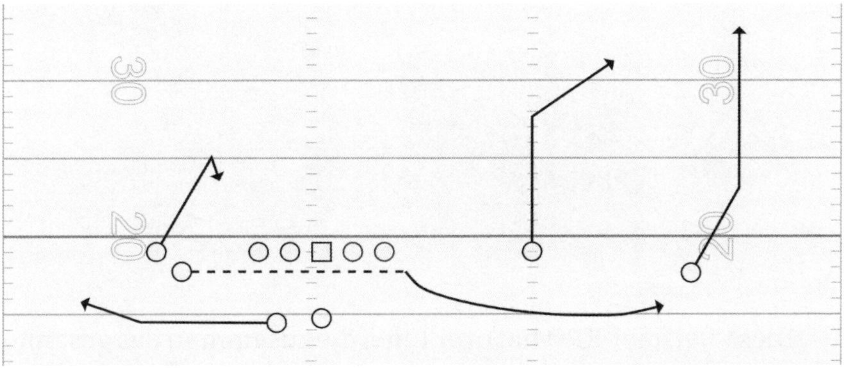

Bei Play 2C rennt der Slot-Receiver eine sogenannte ‚Corner'-Route. Diese führt ihn erst gerade das Feld hoch und knickt dann schräg nach außen ab. Der äußere Receiver läuft wieder eine Go-Route. Die Flat-Zone wird hier von einem Receiver attackiert, der als linker Slot-Receiver aufgestellt ist, bevor er anfängt, eine Motion zur rechten Seite zu laufen. Nachdem der Ball gesnappt wird, verwandelt sich seine Route in eine Swing-Route, die ihn in die rechte Flat führt.

Eine zusätzliche Option, sich gegen eine gute Defense vorzubereiten und Plays zu beschützen, kann es sein, sogenannte ‚RPOs', also ‚Run-Pass-Option'-Plays zu installieren. Bei diesen gibt es innerhalb eines Plays mehrere Abschnitte, die getrennt voneinander ablaufen. Eine RPO ist immer ein Run-Play, das mit einer oder mehreren Pass-Optionen verbunden wird. Der

Quarterback muss häufig vor und während des Plays die Defense lesen und entscheiden, welche der im Play integrierten Optionen für die aktuelle Situation die beste ist.

RPOs gehören definitiv zu fortgeschritteneren Taktiken und werden daher besser anhand eines Beispiels erklärt:

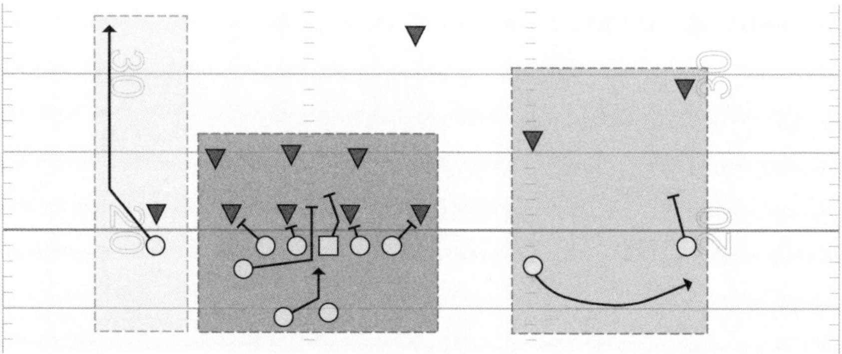

Diese Beispiel-RPO hat drei Teile, die zusammen das gesamte Play bilden. Der linke Kasten beinhaltet einen Pass. Der mittlere Teil zeigt das Grundgerüst der RPO, das Run-Play. Im rechten Kasten kann man einen weiteren Pass erkennen; dabei handelt es sich um einen Screen. Da der Quarterback natürlich nicht drei Orte des Feldes oder drei Defender gleichzeitig lesen kann, gibt es eine festgelegte Reihenfolge von Reads, anhand derer er entscheidet, welcher Part des Plays durchgeführt wird.

In unserem Beispiel wäre der erste Abschnitt der rechte Kasten. Hierbei handelt es sich um einen sogenannten ‚Pre-Snap-Read'. Der Quarterback entscheidet also bereits vor dem Snap, ob er sich für das Konzept in diesem Kasten entscheidet. Wir sehen, dass der Slot-Receiver eine Swing Route läuft, was man in der Regel einen ‚Bubble-Screen' nennt. Der äußere Receiver auf dieser Seite des Feldes blockt den Weg für den Slot-Receiver frei.

Jetzt muss der Quarterback vor dem Play entscheiden, ob er es für sinnvoll hält, den Ball zum Slot-Receiver zu werfen. Wichtig dafür ist natürlich einerseits, welche Gegenspieler in welcher Position stehen. Gerade über dem Slot-Receiver steht ein gegnerischer Verteidiger, was, in Kombination mit den Positionen der restlichen Verteidiger, ein kleines Indiz dafür ist, dass es sich um Man-Defense handeln könnte. Gleichzeitig steht der tiefe Safety nicht über dem Center, sondern schon eher in Richtung des Bubble-Screens. In diesem Beispiel wäre es eine Möglichkeit, den Bubble-Screen zu werfen. Es ist weder ein besonders guter noch ein besonders schlechter Look dafür.

Als Nächstes könnte der Quarterback die entsprechenden Matchups im Kopf durchgehen und erwägen, ob sein Slot-Receiver beispielsweise viel schneller als der Verteidiger ist oder der äußere Receiver extrem schlecht blocken kann. All das wären zusätzliche Gründe für oder gegen den Pass zum Slot-Receiver.

Wenn sich der Quarterback gegen den Pre-Snap-Read entscheidet, wird der Ball gesnappt und es gibt für ihn und die Offense nur noch zwei weitere Möglichkeiten. Nun muss die Entscheidung getroffen werden, ob der Ball an den Running Back übergeben werden soll oder ob der Ball auf den linken äußeren Receiver geworfen wird. Wichtig dafür ist auf der einen Seite ein sogenannter ‚Box-Count' und auf der anderen Seite der Safety.

Als Box bezeichnet man im Football den Bereich um die Offensive Line herum. Theoretisch wird der Begriff mit ‚von Tackle zu Tackle und fünf Yards nach vorne und hinten' erklärt, meiner Erfahrung nach ist er jedoch nicht so starr und beinhaltet auch Tight Ends und Defensive-Spieler, die sich ein wenig außerhalb der Offensive Tackles aufgestellt haben. Beim Box-Count wird ganz simpel gezählt, wie viele potenzielle Blocker auf wie viele Defender treffen würden.

In unserem Beispiel haben wir sechs Blocker zur Verfügung (die fünf Offensive Linemen und den Tight End, der schräg links hinter dem Left Tackle steht) und es befinden sich sieben mit Dreiecken gekennzeichnete Defense-Spieler in der Box. Demnach hätte die Defense hier einen kleinen Vorteil. So würde der Blick des Quarterbacks direkt nach dem Snap auf den Safety gehen. Wenn dieser nicht direkt nach links rennt, um seinem Mitspieler mit der Deckung des linken Receivers zu helfen, weiß der Quarterback, dass sein linker Receiver eins zu eins von einem Defender verteidigt wird. Dies ist eine unglaublich schwere Aufgabe für einen Spieler und dementsprechend hätte die Offense hier einen kleinen Vorteil.

Auch hier ist wieder entscheidend, für wie positiv das Matchup gehalten wird. Handelt es sich um einen Top-Cornerback, entscheidet man sich vielleicht doch lieber für den Lauf durch die Mitte.

Das letzte Entscheidende für jede RPO ist, dass der Quarterback nicht ewig Zeit hat, den Ball zu werfen. Grund dafür ist eine Regel des American Football, die Offensive Linemen betrifft. Bei jedem Pass dürfen Offensive Linemen zum Zeitpunkt des Passes nicht weiter als einen Yard (drei Yards im College Football) nach vorne gegangen sein. Da Offensive Linemen bei einer RPO im Run-Block-Modus sind, versuchen sie teilweise, so weit wie möglich nach vorne zu kommen. Hält der Quarterback den Ball also zu lange fest, während er überlegt, darf er den Ball nicht mehr werfen, weil seine Blocker bereits zu weit in die Richtung der gegnerischen Endzone gelangt sind.

RPOs sind eine gute Möglichkeit, auf viele potenzielle defensive Strategien vorbereitet zu sein. Allerdings erfordern sie ein hohes Maß an Play-Verständnis, Football-IQ und Ruhe des Quarterbacks und sind demnach für unerfahrenere Teams keine perfekte Lösung.

Wie werden Spielzüge eigentlich konzipiert? Woher weiß man, welche Routen zueinander passen und welche man besser nicht miteinander verbinden sollte?

Diese und ähnliche Fragen bekomme ich häufig gestellt und es fällt schwer, eine klare Antwort darauf zu geben, daher hier ein paar meiner Gedanken, wenn es darum geht, sich Plays auszudenken, um sie in das eigene Playbook aufzunehmen.

Grundsätzlich gilt, dass man nicht auf Zwang versuchen sollte, das Rad neu zu erfinden. Wenn Offensive Coordinator oder Head Coaches auf College- oder NFL-Level auf einzelne Plays angesprochen werden, die vermeintlich innovativ oder neu erfunden seien, weisen diese das meistens direkt ab und geben häufig sogar an, woher sie die Idee hatten. Oft kommen diese *neuen* Plays aus Clips alter Spiele oder sind einfach nur gewöhnliche Plays in einer neuen Verkleidung.

In der NFL spricht man oft von einer Copy-Cat-League, also einer Liga, in der jeder den anderen kopiert. Hat ein Team mit einem ungewöhnlichen Stil, Schema oder Play Erfolg, kann man sich darauf verlassen, dass dieser Stil, dieses Schema oder dieses Play bald von mehreren anderen NFL-Teams übernommen wird.

Ein Beispiel aus der 2023er NFL-Saison ist die Einführung von Checkdown-Swings mit eingebauter Protection. Ein Checkdown-Swing ist eine Swing-Route, die in einem Play als Notfall-Passziel eingebaut ist, falls das restliche Play aus etwaigen Gründen nicht funktioniert. Seit dieser Saison (2023) laufen viele Teams dieses Play mit zwei statt nur einem Spieler. Der zweite Spieler läuft beinahe dieselbe Swing-Route, nur ein Stückchen weiter vorne. Fängt nun der hintere Spieler den Notfall-Pass, hat er direkt einen Vorblocker vor sich, der ihm im Idealfall den ersten Gegenspieler aus dem Weg räumen kann. In einer Woche war das Play das brandneue Thema auf Twitter, in der nächsten Woche war es bereits von mehreren NFL-Teams adaptiert worden.

Der nächste wichtige Faktor für ein gutes Play ist es, sich einen Defender herauszusuchen, der attackiert werden soll. Diese Attacke soll natürlich nicht physisch stattfinden, sondern schematisch einen Konflikt für den ausgewählten Spieler erzeugen. Wichtig hierbei ist, sich nicht tatsächlich an einer Person des gegnerischen Teams und auch an keiner Position zu orientieren. Es zählt nur die Aufgabe des entsprechenden Spielers. Statt sich also beispielsweise als Ziel zu setzen, den gegnerischen Cornerback oder den Spieler mit der Nummer 21 in Bedrängnis zu bringen, sollte man sich stets an einer defensiven Aufgabe orientieren. Hier könnte beispielsweise der Spieler, *der die Flat verteidigen soll*, auch ‚Flat-Defender' genannt, attackiert werden.

Gute Beispiele dafür findest du in den Grafiken der bisher gezeigten Plays. Jedes dieser Plays orientiert sich am rechten Fat-Defender. Der ihm aufgezeigte Konflikt besteht daraus, dass er sowohl einen Spieler vor als auch hinter sich hat. Sobald er sich für einen der beiden Spieler entscheidet, wird der andere Spieler vom Quarterback angeworfen. Entscheidet er sich nicht, verteidigt er keinen der beiden Spieler und die gegnerische Offense hat die freie Wahl.

Als Nächstes sollte jedes Play mehrere Lösungen für eventuelle Probleme mit sich bringen. Der Quarterback muss das Play genau kennen und verstehen, um auf verschiedenste Situationen angebracht und selbstsicher reagieren zu können. Er muss wissen, in welcher Reihenfolge er überprüft, welche Receiver ungedeckt und dadurch anwerfbar sind. Er muss wissen, welche Route er anwerfen kann, wenn die gegnerische Defense eventuell doch Manndeckung spielt, obwohl es vorher nach einer Zonen-Verteidigung aussah. Wohin muss der Ball, falls die Defense blitzt?

All das sollten keine Momententscheidungen des Quarterbacks, sondern vorher geplant und durchgesprochen sein. Hat man auf eine der Fragen keine Lösung, ist es entweder nicht zu gebrauchen oder zumindest als sehr riskant zu behandeln.

Ein weiterer wichtiger Punkt ist, dass nicht jede Route zwangsläufig primär dafür da ist, anwerfbar zu sein. Manchmal ist es für ein bestimmtes Konzept wichtig, einen oder mehrere Spieler der Defense an sich zu binden und diese aus einem bestimmten Bereich herauszuziehen. Natürlich darf man diese Spieler nicht physisch mitschleppen. Vielmehr nutzt man defensive Regeln aus, attackiert den Bereich, den sie verteidigen müssen und zieht ihre gesamte Aufmerksamkeit auf sich.

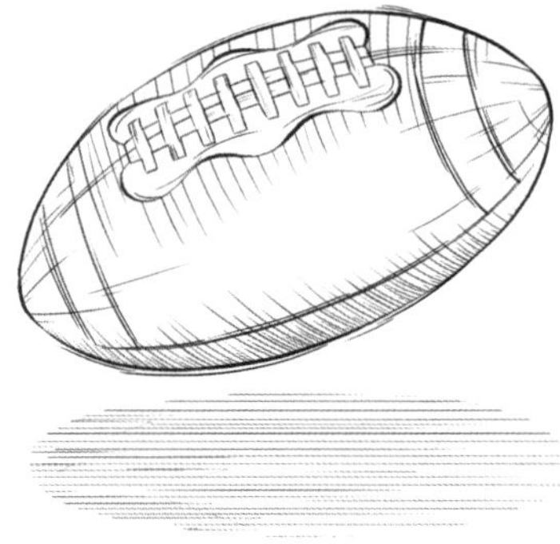

Kapitel 5

Defense verstehen

Eine gute Defense im American Football darf keine Schwächen haben. Während eine einseitige Offense eventuell noch in manchen Spielen dominieren kann, wird eine einseitige Defense viel zu einfach ausgenutzt. Kann sie den Pass nicht verteidigen, wird das gegnerische Team kaum damit aufhören, auf das Laufspiel zu setzen. Bekommt die Defensive Line die gegnerische Offensive Line nicht unter Kontrolle, nutzen die besten Cornerbacks der Welt nicht viel, da die gegnerische Offense den Ball nach Belieben laufen können wird und nicht auf den Pass angewiesen ist. Alle elf Spieler müssen zu jedem Zeitpunkt auf alle möglichen Pässe, Läufe, RPOs und Trickspielzüge vorbereitet sein und sich in jeder Situation zu helfen wissen. Besonders wichtig dafür ist effektive Kommunikation. Es gibt im American Football den Spruch: „Eine leise Defense ist eine schlechte Defense." Dabei geht es natürlich nicht darum, so viel unnützes, beleidigendes oder einschüchterndes Geschrei zu erzeugen, wie einem möglich ist, sondern darum, innerhalb der Defense miteinander zu reden. Dies muss sowohl vor als auch während eines Plays passieren. Wichtig hierfür sind sowohl feste Informationen, wie Down & Distance, als auch Details, die man während der Film-Study herausfiltern konnte, und Playbook-spezifische Anweisungen und Hinweise an seine Mitspieler.

Grundlegend für ein hohes Level der Kommunikation ist, dass alle Spieler der Defense und sämtliche Coaches die gleiche Sprache sprechen. Gemeint ist damit nicht Deutsch oder Englisch, sondern Begriffe für Konzepte, Anpassungen und Coverages. Einige davon sind universell anwendbar, andere unterscheiden sich von Team zu Team und sollten daher stets miteinander besprochen werden.

Besonders wichtig für Anfänger und die Grundlage jeder teameigenen Sprache sind hierbei die Techniken der Defensive Line und die Coverage-Zonen der Passverteidigung.

Hier sieht man die Techniken oder ‚Techniques', die verwendet werden, um zu beschreiben, an welcher Stelle sich Defensive Linemen oder andere Spieler im ersten Level der Defense aufstellen:

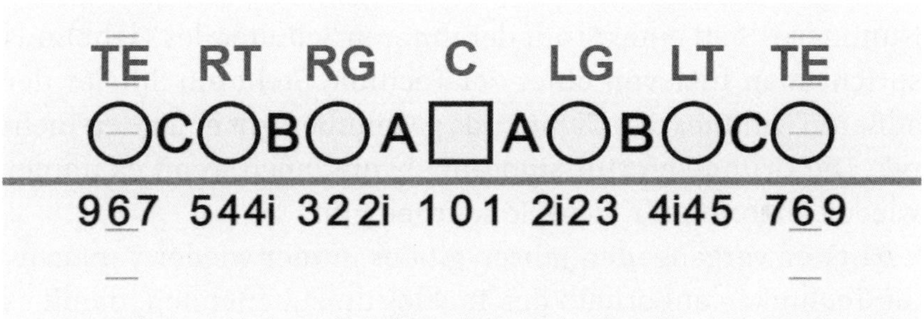

Betrachtet werden defensive Schemata immer auch aus der Sicht der Defense. Die Offense wird also oben eingezeichnet und die Spielrichtung führt nach unten. Auf der Grafik sieht man eine Offensive Line sowie zwei Tight Ends. Die Lücken, also Gaps, zwischen den einzelnen Offensive Linemen und Tight Ends werden von innen nach außen alphabetisch fortschreitend bezeichnet. Die innersten Gaps (zwischen Center und Guards) sind die A-Gaps. Zwischen Guards und Tackles findet man die B-Gaps und zwischen Tackles und potentiellen Tight Ends befinden sich die

C-Gaps. Die Zahlen, die unter den als Kreisen dargestellten offensiven Spielern stehen, sind die Techniken der Defensive Line. Eine Zahl gibt immer entweder die Position genau über einem O-Liner oder Tight End oder über einer seiner Schultern an.

Spricht man von einem Spieler, der eine 0er-Technik spielt, steht dieser dem Center also zu Beginn eines Plays genau gegenüber. Ein Spieler in einer 3er-Technik, oder aus dem Englischen übernommen ‚3-Tech', steht demnach genau vor der äußeren Schulter eines Offensive Tackles. So kann man seinen Spielern ganz einfach und kurz erklären, wo sie bei welchem Play stehen sollen.

Zahlen, die ein ‚i' dahinter haben, geben lediglich an, dass es sich um die Innenschulter des jeweiligen Spielers handelt. Die Nummerierung der Aufstellung rund um den Tight End ist frustrierend wahllos und bricht die Regelmäßigkeit der inneren Nummern. Statt einer 6i auf der inneren Schulter des Tight Ends spricht man hier von einer 7er-Technik. Steht ein Spieler der äußeren Schulter den Tight Ends gegenüber, gilt er als 9er-Technik. Die Gründe hierfür sind unbekannt, auch wenn es immer wieder Theorien für diese Sonderheit gibt.

In den vergangenen Jahren gibt es immer wieder Versuche, die Techniken außerhalb des Tackles umzubenennen, damit es leichter verständlich ist. Das Ganze würde dann so aussehen:

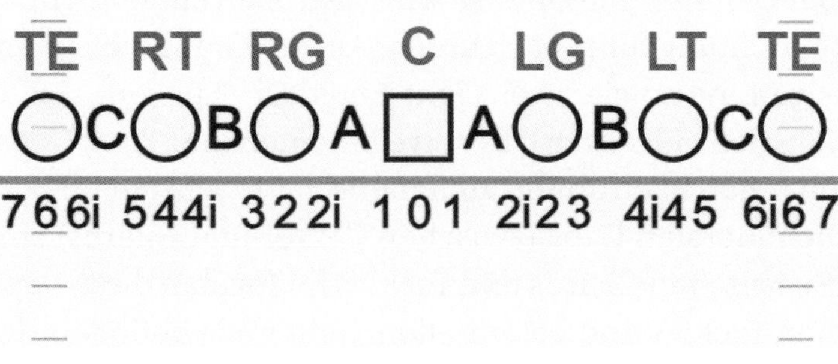

Diese neuere Version der Defensive-Line-Techniken wird jedoch kaum verwendet. Unabhängig davon, welche der beiden Versionen benutzt wird, ist es unumgänglich sicherzustellen, dass die gesamte Defense die gleichen Bezeichnungen für bestimmte Techniken und Gaps benutzt.

Gleiches gilt auch für die Zonen der Coverage. Obwohl sich Defenses über die letzten Jahre immer mehr zu einer Mischung aus Man- und Zonen-Verteidigung entwickelt haben, ist es alleine für die Kommunikation von nicht zu vernachlässigender Bedeutung, innerhalb eines Team einheitliche Bezeichnungen für Zonen zu haben. Dadurch fällt es einfacher, verschiedene Zone Coverages zu verstehen und zu beschreiben. Gleichzeitig können Pflichten innerhalb eines Plays leichter übergeben und angepasst werden.

Diese Grafik zeigt eine mögliche Benennung und Identifizierung von Zonen:

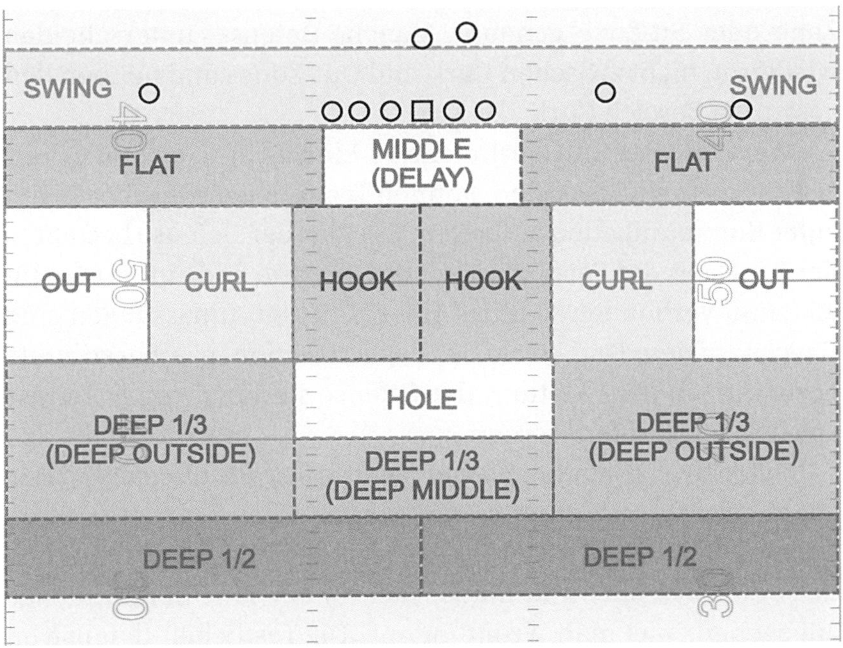

Hier lässt sich bereits die Komplexität von Zone Coverages erahnen. Am wichtigsten ist es, nie starr auf Grenzen oder Bezeichnungen zu beharren. Diese können, wie bereits in der Offense erwähnt, von Team zu Team unterschiedlich sein. Viele Teams haben heutzutage sogar sogenannte ‚No-Cover-Zones', also Zonen, in denen Gegenspieler nicht eng gedeckt werden müssen. Viele Cornerbacks bekommen beispielsweise beigebracht, in neutralen Down & Distances (also nicht extrem viel oder wenig Yards zum neuen First Down) Receiver, die sich innerhalb von 5 Yards um die Line of Scrimmage befinden, nicht zu decken. Hier wird darauf gesetzt, die tieferen Routen zu covern und einen Gegenspieler, der in der Flat angespielt wird, schnell tacklen zu können.

Viele Teams haben noch viel kleiner unterteilte Bereiche innerhalb der Zonen oder nennen diese anders. So wird der hier als Middle-Zone bezeichnete Bereich teilweise ‚Checkdown-Zone' oder ‚Sit-Zone' genannt. Manche Defenses unterscheiden wiederum nicht zwischen Curl- und Out-Zones und nennen den gesamten Bereich Curl.

Wenn die Begriffe der Defensive-Line-Techniken und Coverage Zones nun geklärt sind, können Teams eigene Playbooks mit guter Kommunikation aufbauen. Ein Play der Defense besteht in der Regel aus der Formation, einer Coverage und einem eventuell damit verbundenen Blitz. Alle restlichen Anpassungen sind Checks auf dem Feld, die in der Regel Reaktionen auf bestimmte Formationen oder Motions der Offense sind und von Defensivspielern ausgerufen werden.

Defensive Formationen sind nicht so fest wie offensive, da sie auf die gegebene Formation des gegnerischen Teams reagieren müssen. Daher wird in der Defense häufig nur die Positionierung der Defensive Line und Linebacker an der Line of Scrimmage angegeben, was man ‚Front' nennt. Die restlichen defensiven

Spieler passen ihre Positionierung dann der eigenen defensiven Front und der gegnerischen Formation an.

Als grobe Kategorisierung von Defenses wird auch heute noch häufig die Kombination aus Defensive Linemen und Linebackern angegeben. So hört man oft von sogenannten 4-3- oder 3-4-Defenses.

4-3-Defense:

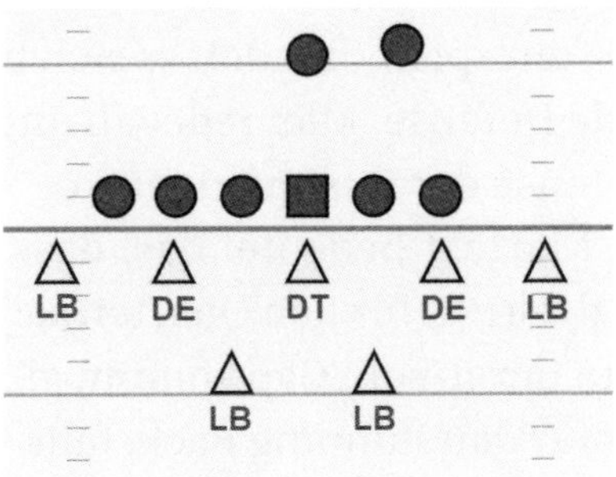

3-4-Defense:

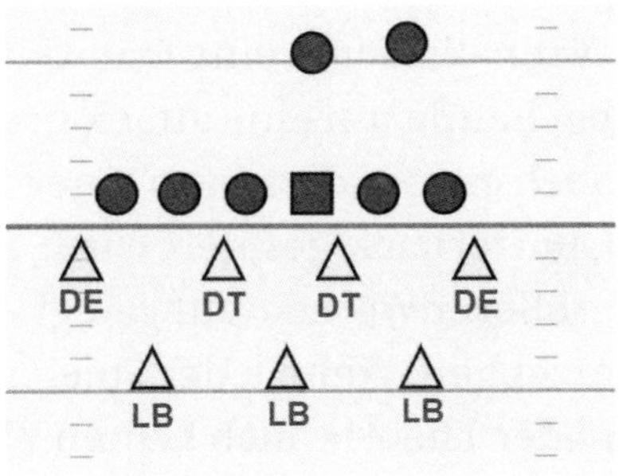

Eine klassische 4-3-Defense hat vier Defensive Linemen und dahinter 3 sogenannte Off-Ball-Linebacker. Der ‚Off-Ball'-Part des Namens bezieht sich darauf, dass diese Spieler nicht an der Line of Scrimmage stehen.

Eine 3-4-Defense setzt dagegen auf drei Defensive Linemen und vier Linebacker, zwei Inside Linebacker und zwei Outside Linebacker. Die Positionierung dieser Outside Linebacker ist von Team zu Team unterschiedlich und hängt auch davon ab, was für Spieler einem als Coach zur Verfügung stehen. Teilweise handelt es sich, wie hier eingezeichnet, um On-Ball-Linebacker; in anderen Fällen stehen sie Off-Ball in einer Linie mit den beiden Inside-Linebackern.

Welche Defense ist besser, die 4-3- oder die 3-4-Defense?

Natürlich lässt sich diese Frage nicht pauschal beantworten. In den allermeisten Fällen stößt man nicht auf eine pure 4-3- oder 3-4-Defense. Teams auf höheren Levels haben in der Regel

Formen von beiden Fronten in ihrem Playbook. Allerdings lassen sich einige grundsätzliche Aussagen treffen, die die beiden Stile voneinander unterscheiden.

In einer 4-3-Defense gilt oft der Grundsatz des ‚One-Gappens'. Einfacher ausgedrückt heißt das, dass jeder Defensive Lineman für ein Gap verantwortlich ist, durch das der gegnerische Lauf nicht zugelassen werden darf. Diese Verantwortungen für bestimmte Gaps oder Laufwege nennen sich ‚Run-Fits'. Wenn ein Team eine One-Gap-Front spielt, handelt es sich hierbei häufig um eine attackierende Defense. Man redet ab und an auch davon, dass in so einer Defense der Run auf dem Weg zum Quarterback gespielt wird. Im Klartext bedeutet das, dass ein größerer Wert darauf gelegt wird, Druck für den Quarterback zu erzeugen. Wenn jeder Spieler gut durch sein Gap kommt, gibt es in der Theorie auch keinen Weg für den Running Back, falls sich die gegnerische Defense doch für das Laufspiel entschieden hat.

Klassische Run-Fits einer 4-3-Defense könnten so aussehen:

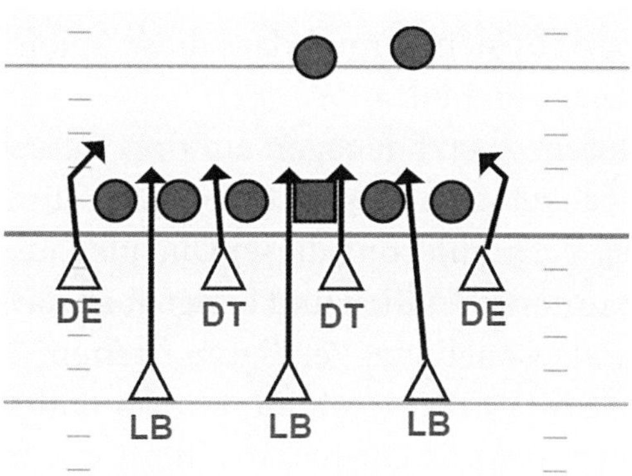

Jeder Spieler kontrolliert die Lücke, über der er aufgestellt ist. Die Gaps, über denen kein Defensive Lineman steht, werden von den Linebackern übernommen. Auch sie spielen eine sehr wichtige Rolle gegen den Lauf. Die beiden äußeren Linemen, hier eine 9er- und eine 5er-Technik, haben die Verantwortung, nicht zuzulassen, dass der balltragende Spieler nach außen gelangt. Diese besondere Aufgabe nennt man ‚Contain' oder auch ‚Setting the Edge', da diese Spieler als Rand oder Grenze dienen sollen.

In einer 3-4-Defense könnten die Run-Fits so aussehen:

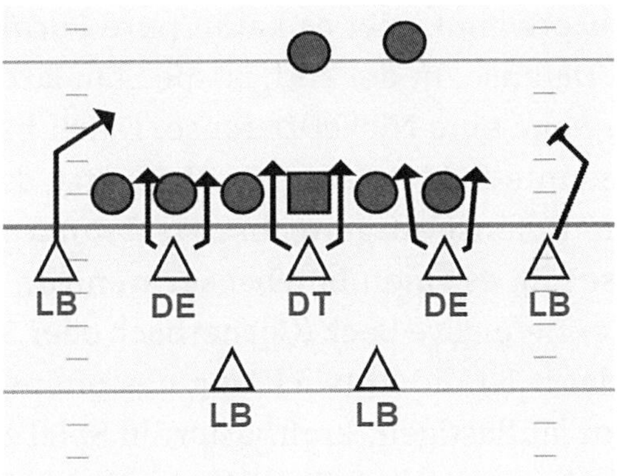

In einer 3-4-Defense sieht die Philosophie der Laufverteidigung ein wenig anders aus. Hier sehen wir ‚Two-Gapping' der Defensive Line. Die Spieler sind dazu angehalten, den Offensive Lineman genau gegenüber von sich zu kontrollieren und die Gaps zu beiden Seiten zu verteidigen. Die 0er-Technik (Spieler, die hier positioniert sind, nennt man auch ‚Nose-Tackle') soll also beispielsweise den Center kontrollieren und keinen Run durch eins der beiden A-Gaps zulassen. Die Technik, die Defensive Linemen dafür in der Regel beigebracht wird, sieht vor, ein primäres Gap zu haben, in das der Körper gestellt wird. Man versucht zum Beispiel, seinen Gegenspieler nach rechts zu drehen, um dadurch den eigenen Körper in das linke Gap zu stellen. Erfolgt nun ein Run durch das rechte Gap, muss man das Gap mit dem Gegenspieler zustellen oder sich an ihm vorbeiziehen.

Diese Art der Gap-Kontrolle soll gleichzeitig die Linebacker befreien. Sie haben kein primäres Gap und gegnerischen Offensive Linemen wird es schwerer gemacht, erfolgreiche Double-Teams durchzuführen und zu den Linebackern vorzudringen. Linebacker sollten im Idealfall also dazu in der Lage sein, ungestört zu lesen, wohin der Lauf gehen soll, und dann entsprechend zu handeln.

Wie bereits erwähnt, gibt es kaum pure Formen der einen oder anderen Defense. In der NFL ist die Standard-Defense der Teams mittlerweile eine Nickel-Defense. Dabei handelt es sich um eine sogenannte ‚Sub'-Defense. Das bedeutet, dass ein Spieler der „regulären" Defense ausgewechselt *(substituted)* wird. In der Nickel-Defense gibt es einen Linebacker weniger, dafür kommt ein zusätzlicher Defensive Back (Cornerback oder Safety) auf das Feld. Grund dafür ist die Entwicklung des offensiven Football weg von einem lauflastigen, kraftbasierten Spiel zu einer passlastigen, taktisch anspruchsvollen Offense. Kurzgesagt wird das offensive Personal leichter und schneller und die Defense muss darauf reagieren.

Selbst wenn ein Team auf dem Papier eine 4-3-Defense spielt, muss das nicht heißen, dass sie immer mit genau vier Spielern an der Line und drei Linebackern dahinter aufläuft.

Damit sind wir bei verschiedenen Fronten aus einer Defense angekommen. Um Fronten *callen* und richtig aufstellen zu können, braucht die Defense einen Anhaltspunkt der Offense, nach dem sie sich richten können. Im Football nennt man das den ‚Strength-Call'; man deklariert die starke Seite der Offense. Früher wurde sich hier nahezu ausschließlich nach dem Tight End gerichtet. Befand er sich auf der linken Seite der Defense, so erfolgte ein ‚Strength Left'-Call für die Defense, anhand dessen jeder Spieler wusste, wo er sich aufzustellen hat. Mit Einführung der Spread Offense wurde es immer schwieriger, sich nach dem Tight End zu richten, weil immer mehr Offenses ohne einen klassischen Tight End spielten. Deshalb gibt es heute meistens eine Art Checkliste, nach der die Defense vorgehen kann, um einen Strength-Call zu geben. Wo steht der Tight End? Wenn es keinen gibt, auf welcher Seite stehen mehr offensive Spieler? Wenn das ausgeglichen ist, auf welcher Seite steht der Running Back? Wenn der in der Mitte steht, auf welcher Feldseite ist mehr Platz? So oder so ähnlich sehen die meisten Checklisten aus.

In manchen Defenses wird der Strength-Call situationsbedingt angepasst. Diese Teams haben dann einzelne Schlagworte, um anzusagen, wonach sich die Defensive Front und der Strength-Call richten. Ein ‚Boundary'-Call könnte beispielsweise angeben, dass die Stärke der defensiven Formation hier in die Boundary (also zur kürzeren Feldseite) aufgestellt wird. Ein ‚Bag'-Call wäre eine Möglichkeit, die Stärke zum Running Back, ein ‚Box'-Call die Stärke von diesem Weg aufzustellen. Auch hier sind der Fantasie wieder keine Grenzen gesetzt. Wichtig ist nur, dass die Calls nicht zu ähnlich klingen, um Verwechslungen auszuschließen.

Die Stärke einer Offense zu *callen*, ist deshalb wichtig, weil sich verschiedene Defensive-Fronten danach richten. Gleichzeitig gibt es verschiedene Spielertypen innerhalb einer Defense. Oft ist es nicht so einfach, wie es auf den ersten Grafiken aussieht. Es gibt beispielsweise häufig nicht nur zwei Defensive Ends, sondern meistens einen davon, der immer auf der Strongside spielt (zum Strength-Call), und einen, der auf der Weakside spielt (vom Strength-Call weg). Der Strength-Call wird in manchen Defenses auch Closed-Call genannt. Ein Closed-End ist demnach in der Regel das Gleiche wie ein Strong-Side-End.

In unserer Standard-4-3-Grafik sehen wir, dass die Offense mit einem Tight End auf der (aus Defense-Sicht) linken Seite spielt. Der Call wäre hier also entweder ‚Strength-Left', ‚Closed-Left' oder irgendetwas, das im Team festgelegt wurde. Das kann ein einzelnes Wort sein, das mit dem Buchstaben ‚L' beginnt. Anders als in der Offense kann dieser Call laut und offen kommuniziert werden und muss nicht verheimlicht werden. Die Offense kann mit dem Strength-Call der Defense alleine relativ wenig anfangen. Anhand dieses Closed-Left-Calls kann sich die Defense aufstellen.

Nun ist entscheidend, welche Front der defensive Call vorsieht. Beispiele für verschiedene Fronten könnten sein:

Eine 4-3-Over-Front:

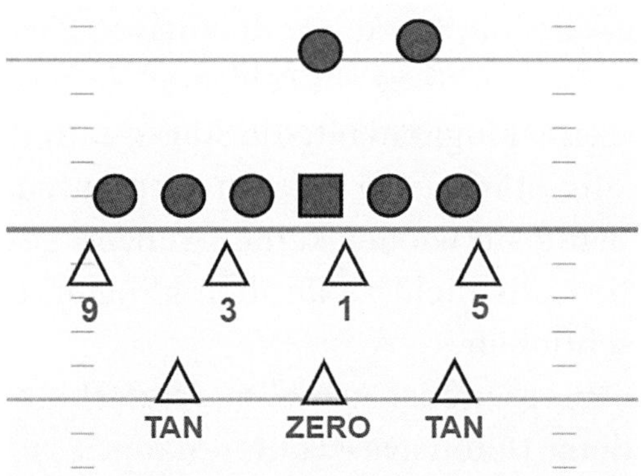

Eine 4-3-Over-Front besteht aus vier Defensive Linemen und drei Linebackern. Die Linebacker werden oft in Strongside-Linebacker (Sam), Middle-Linebacker (Mike) und Weakside-Linebacker (Will) unterteilt. Die Codewort-Reihe Tan-Zero-Tan steht hier dafür, dass sich die beiden äußeren Linebacker gegenüber von den Offensive Tackles aufstellen und der Middle Linebacker gegenüber vom Center. Normalerweise stehen sie ungefähr fünf

Yards von der Line of Scrimmage entfernt. Die Defensive Line besteht in einer Over-Front aus zwei Defensive Tackles und zwei Defensive Ends. Die 3er-Technik steht hier auf der ausgerufenen Strongside und die 1er-Technik auf der Weakside. Der Closed-End (Defensive End auf der Strong- oder Closed-Side) steht normalerweise auf der Außenschulter des Tight Ends, also in einer 9er-Technik. Der Open-End (Defensive End auf der Weak- oder Open-Side) kann je nach Gameplan eine 5er-, 7er- oder 9er-Technik spielen.

Eine 4-3-Under-Front:

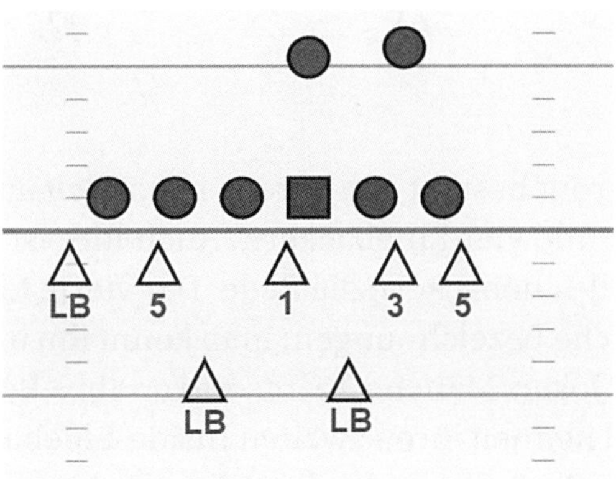

Der Hauptunterschied zwischen einer 4-3-Over- und einer 4-3-Under-Front ist die Positionierung der beiden inneren Defensive Linemen. Bei einer Under-Front steht die 3er-Technik auf der Weak-Side und die 1er-Technik auf der Strongside. Um nicht zwei aufeinanderfolgende Gaps unbesetzt zu lassen, rutscht der Closed-End ein Gap nach innen und spielt in unserem Beispiel eine 5er-Technik. Der Strongside Linebacker verbessert seine Position und eliminiert Nachteile gegenüber dem Tight End, indem er sich an die Line of Scrimmage als eine 7er- oder 9er-Technik aufstellt. Die beiden verbleibenden Off-Ball-Linebacker rutschen auch ein Stück zur Strongside und stehen über den *ungecoverten* Gaps (Strongside-B-Gap und Weakside-A-Gap).

Eine 3-4-Okie-Front:

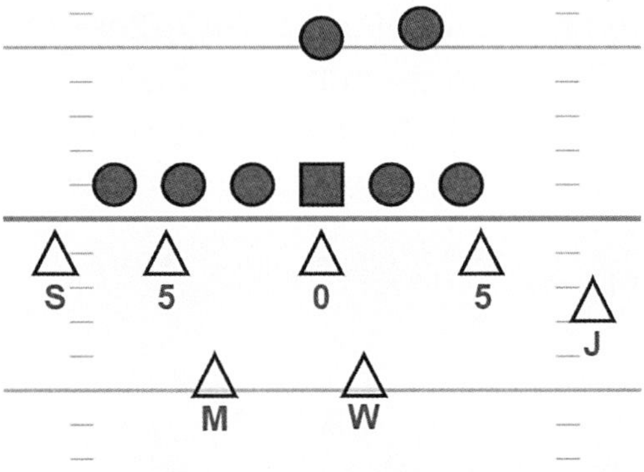

Eine 3-4-Front besteht wie bereits behandelt aus drei Defensive Linemen und vier Linebackern. Auch hier ist oft von Sam-, Mike- und Will-Linebackern die Rede. Der vierte Linebacker hat unterschiedliche Bezeichnungen; man kennt ihn unter anderem als Jack oder Joker. Manche Teams mixen ihre Bezeichnungen hier auch und nennen ihren zweiten Inside-Linebacker Jack und den Weakside-On-Ball-Linebacker Will. Wichtig ist hier wieder nur, dass innerhalb einer Defense und eines Teams die gleiche Sprache gesprochen wird. In einer Okie-Front besteht die Defensive Line aus einer 0er-Technik und zwei 5er-Techniken. Alle drei Spieler sind im Normalfall für zwei Gaps verantwortlich. Der Sam-Linebacker spielt eine 9er-Technik und der Jack-Linebacker je nach Gameplan. Oft steht er an der Line of Scrimmage als zusätzliche 9er-Technik; manchmal ist er aber auch ein Stück weiter hinten aufgestellt.

Eine 3-4-Tite oder Eagle-Front:

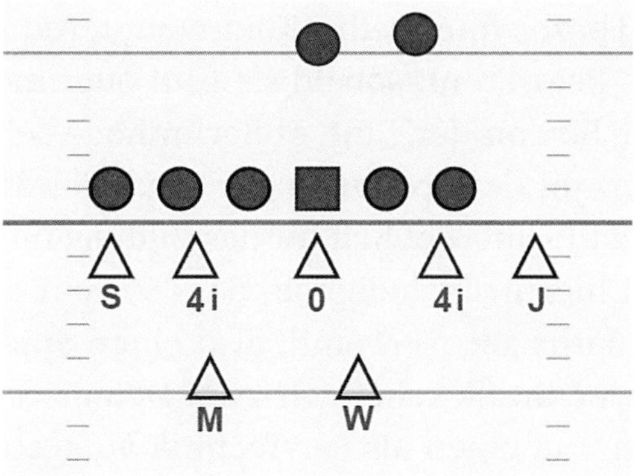

In einer 3-4-Tite- oder Eagle-Front rutschen beiden Defensive Ends auf die innere Schulter der Offensive Tackles und spielen eine 4i-Technik. Diese Front wird häufig benutzt, um aus einer 3-4-Defense zu *one-gappen,* also jedem der drei inneren Spieler an der Line of Scrimmage nur die Verantwortung für ein Gap zu geben. Der Sam-Linebacker spielt die beiden Gaps neben dem Tight End (Strongside-C- und D-Gap). Die beiden Defensive Ends haben in dieser Front eine bessere Position und einen besseren Winkel, um die Offensive Tackles innen zu schlagen. Gleichzeitig könnten sie einem *pullenden* Guard besser folgen, was viele offensive Konzepte zerstören kann, wenn es richtig durchgeführt wird.

Eine Bear-Front:

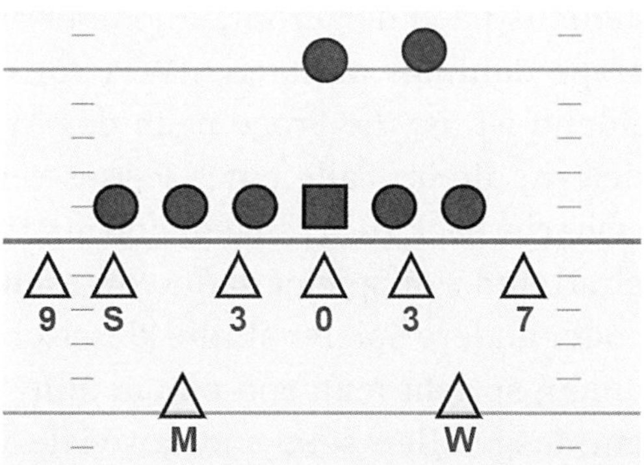

Manchmal bezeichnen selbst Kommentatoren im Fernsehen eine Front als Bear-Front, sobald sie fünf oder mehr defensive Spieler in der Box an der Line of Scrimmage sehen. Tatsächlich ist die Anzahl der Spieler in der Box oder an der Line of Scrimmage relativ unerheblich für das Bilden einer Bear-Front. Entscheidend hierfür ist lediglich, dass sowohl der Center als auch beide Guards gecovert sind, also einen Spieler über sich haben. In dieser Grafik sehen wir zwei Defensive Linemen als 3er-Techniken und einen als 0er-Technik aufgestellt. Statt 3er-Techniken sieht man hier oftmals sogar 2er-Techniken. Damit sind beide Guards und der Center „besetzt“. Die restliche Verteilung der defensiven Spieler ist situationsabhängig. Oft gibt es besondere Personal-Gruppen, die für eine Bear-Front aufs Feld kommen, und man spielt mit fünf Defensive Linemen. In unserem Beispiel haben wir drei Defensive Tackles in der Mitte der Line, einen Closed End als 9er-Technik und einen Open-End als 7er- oder 9er-Technik. Der Sam-Linebacker steht an der Line und dem Tight End genau gegenüber. Eine Bear-Front kommt häufig zum Einsatz, wenn sich der Defensive Coordinator sicher ist, dass die gegnerische Offense den Ball laufen möchte.

Nachdem eine Front gecallt wurde, kommt es nun darauf an, wer welche Verantwortung im Play übernimmt. Run-Fits richten sich größtenteils nach der Front, sind aber auch teilweise von der Coverage dahinter abhängig. Was vor der Coverage noch entscheidend ist, ist die Frage nach der Anzahl an Rushern, also Spielern, die im Falle eines Passes versuchen, den gegnerischen Quarterback zu erreichen und am Werfen zu hindern. Im Regelfall sind vier Spieler dafür vorgesehen. Sobald es mehr werden oder andere Spieler als die klassischen diese Aufgabe übernehmen, spricht man von einem ‚Blitz‘. Diese Blitze können extrem ausgefallen sein und auf viele verschiedene

Arten gebildet werden. Allerdings wird, durch die dafür beanspruchten zusätzlichen Spieler, die Coverage für die restliche Defense erschwert. Möchte man überraschenden Druck auf den gegnerischen Quarterback ausüben, ohne zusätzliche Spieler dafür zu benutzen, gibt es eine Vorstufe des Blitzens: Defensive Line Games. Als Games bezeichnet man Stunts und Twists in der Defensive Line. Einfach ausgedrückt ändern sich die Gaps, durch die Defensive Linemen versuchen, den Quarterback zu *rushen*.

Ein einfaches Beispiel dafür ist ein Defensive Line Pinch:

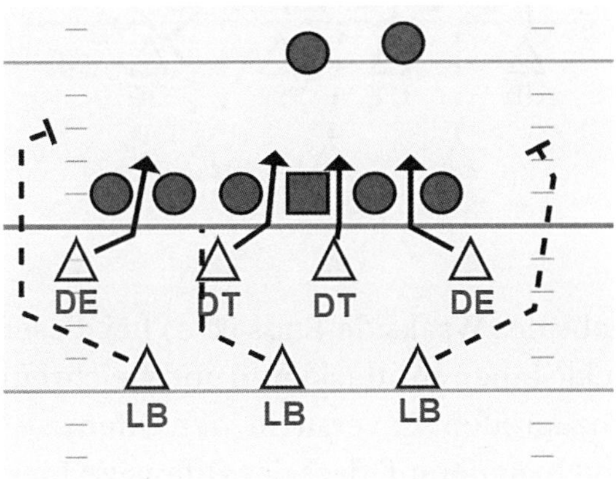

In dieser Grafik sind Pass-Rush-Wege durch durchgezogene Linien mit Pfeilen eingezeichnet. Die gestrichelten Linien stellen die veränderten Run-Fits der Linebacker dar. Wir sehen einen D-Line-Pinch aus einer 4-3-Over-Front. Jeder Defensive Lineman *rusht* bei diesem Manöver ein Gap weiter innen, als er es normalerweise tun würde. Der einzige Lineman, auf den das nicht zutrifft, ist die 1er-Technik, da dieser standardgemäß bereits durch das innerste Gap seiner Seite *rusht*. Durch die veränderten Pass-Rush-Wege der D-Line ändern sich auch die Run

Fits der Linebacker. Da zum Beispiel beide Defensive Ends nicht mehr außen an ihren jeweiligen Gegenspielern vorbeiarbeiten, wäre der Weg für einen Lauf nach außen frei. Deshalb müssen beide Outside Linebacker nun den Contain auf ihrer Seite übernehmen und die Kante der Run-Defense bilden.

Dieses Beispiel zeigt einen sogenannten ET-Stunt:

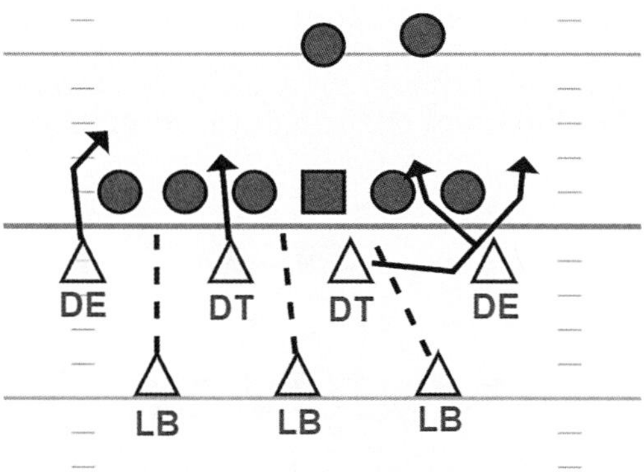

Die Aufgabe des Weakside-Ends ist es bei diesem Stunt, den Offensive Tackle innen zu attackieren und gleichzeitig den Offensive Guard anzugreifen. Er versucht, den Offensive Guard innen zu halten, und baut darauf, dass der Offensive Tackle weiterhin versucht, ihn zu blocken. Schließlich weiß die Offense nicht, was der Plan der Defense ist. Mit diesem Manöver beschäftigt der Open-End im Idealfall zwei Gegenspieler. Der Defensive Tackle auf seiner Seite versucht währenddessen, hinter dem Defensive End herumzulaufen. Gelingt der Stunt, kann kein Spieler den ‚loopenden' Defensive Tackle aufnehmen und er hat einen freien Weg zum Quarterback. Der Stunt heißt ‚ET-Stunt', weil der End vor dem Tackle in die Line *crasht*. Andersherum könnte der Stunt auch gespielt werden. Dann würde man es einen ‚TE-Stunt' nennen.

Beide Beispiele zeigen Defensive Line Games, die auf den Gebrauch weiterer Rusher verzichten und durch das Abändern bekannter Pass-Rush-Wege Verwirrung in der Zuordnung der Offensive Line schaffen.

Bevor wir uns mit Blitzen und gesamten Spielzügen beschäftigen, ist es wichtig, sich einen Überblick über die gängigsten Coverage-Arten zu verschaffen. Wie bereits erwähnt, gibt es im Football zwei unterschiedliche Arten, die Deckungsarbeit aufzuteilen: die Verteilung von defensiven Spielern auf bestimmte zu verteidigende Bereiche des Feldes (Zone Coverage) und das Zuteilen von individuellen offensiven Spieler, die so eng wie möglich gedeckt werden sollen (Man Coverage). Viele Formen der modernen Defense sind Mischformen aus Man und Zone Coverage, doch um diese zu verstehen, muss man zunächst die Grundformen verinnerlichen, aus dem sich neue Coverages entwickelt haben.

Man Coverages müssen einen primären Verteidiger für alle Spieler vorsehen, denen regeltechnisch erlaubt ist, einen Ball zu fangen. Die Offensive Linemen sind die innersten fünf Spieler an der Line of Scrimmage und somit nicht berechtigt, Pässe zu fangen. Da der Quarterback den Ball in der Regel wirft, bleiben somit noch fünf Spieler übrig, die gecovert werden müssen. Wenn wir von einem gewöhnlichen Pass Rush mit vier defensiven Spielern ausgehen, stehen der Defense noch sieben restliche Spieler für die Deckungsarbeit zur Verfügung. Fünf davon bekommen jeweils einen Gegenspieler zugewiesen und die restlichen beiden Defender bekommen eine Spezialaufgabe. Wie die Man Coverage genannt wird, ist davon abhängig, welche Aufgabe diesen beiden Spielern zugewiesen wird und in welchem Bereich des Feldes sie diese zu absolvieren haben.

Die beiden häufigsten Man Coverages unterscheiden sich dadurch, wie viele tiefe Zonen es darin gibt.

Cover 1 (Hole):

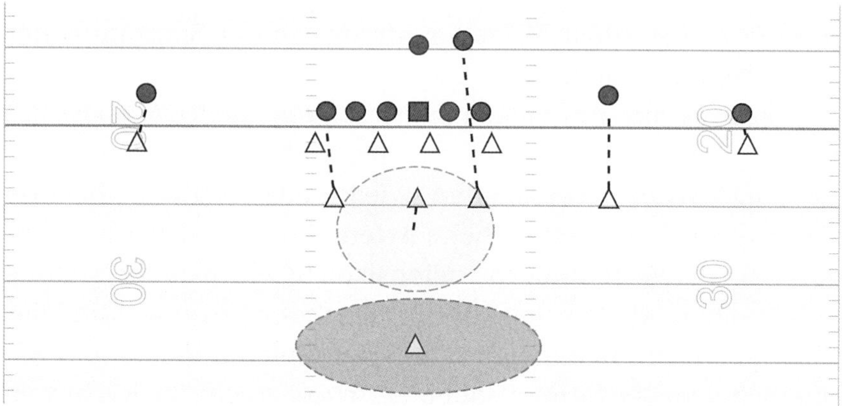

Cover 1 heißt so, weil es darin nur eine tiefe Zone gibt. In der Regel übernimmt sie einer der beides Safetys, während der andere einen gegnerischen Spieler deckt. In diesem Beispiel wäre es der rechte Slot Receiver. Die andere Zone könnte von einem Linebacker übernommen werden, der die Mitte näher zur gegnerischen Offense abdeckt. Alle anderen Spieler wissen nun, dass sie in der Mitte des Feldes zusätzliche Hilfe von den beiden Spielern haben, die keinen Spieler manndecken müssen. Dementsprechend können sie sich stärker darauf fokussieren, ihren Gegenspielern den Weg nach außen zu erschweren. Wenn man gegen einen athletischeren Quarterback spielt, der gerne selbst mit dem Ball läuft, wenn er keine Anspielstation findet, ändert man manchmal den Job des Linebackers ohne direkten Gegenspieler. Statt die Mitte des Feldes abzudecken, kann er sich nun genau darauf konzentrieren, was der gegnerische Quarterback macht. Will dieser selbst losrennen, hat die Defense genau dafür bereit einen Spieler positioniert, der dies unterbinden soll: einen Spy, also einen Spion. Die Coverage mit einem tiefen Safety und einem Spy wird oft als Cover 1 Spy oder Cover 1 Rat bezeichnet.

Cover 2, auch Two-Man-Under genannt:

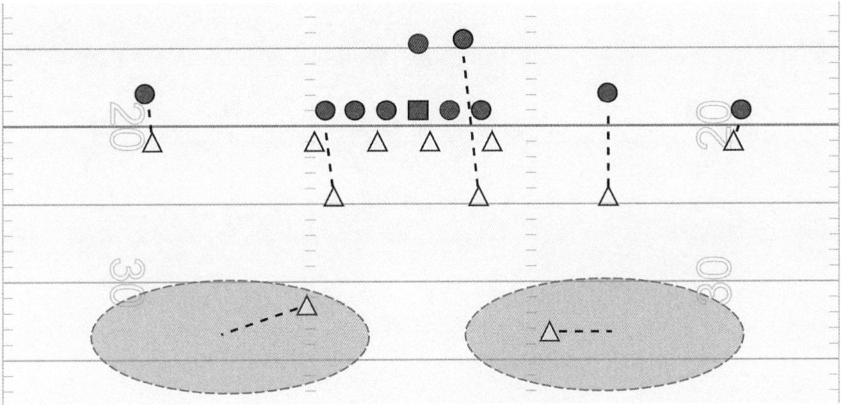

Cover 2, oder Two-Man-Under, beinhaltet wieder fünf Defender in Man Coverage und zwei tiefe Zonen, die so gut wie immer von Safeties abgedeckt werden. Zwar ist man hier gegen tiefe Pässe besser abgesichert, jedoch fehlt ein zusätzlicher Verteidiger in der Box. Dadurch könnte man Probleme damit haben, das gegnerische Laufspiel zu verteidigen. Oft sehen Teams mit einem stärkeren Passspiel mehr Cover 2s als Teams mit einem dominanten Laufspiel. Selten wird diese Coverage auch als Cover 5 bezeichnet.

Nur weil man vor dem Snap zwei Safeties sieht, die weit entfernt von der Offense stehen, heißt das nicht, dass beide zwangsläufig für eine tiefe Zone zuständig sind. Dieser sogenannte Two-High-Look kann auch als Täuschung dienen.

So zum Beispiel bei einem Cover 1 Robber:

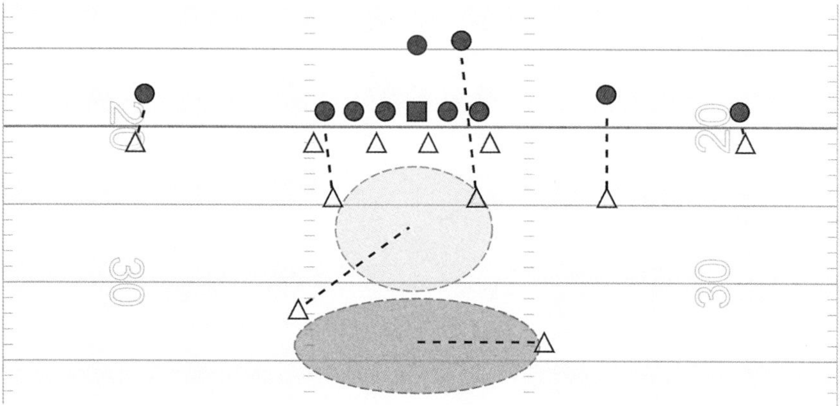

Wie man sieht, haben beide Safeties in dieser Coverage die gleiche Ausgangsposition wie in dem zuvor besprochenen Cover 2. Nach dem Snap bewegt sich ein Safety in die Box, um dort die gleiche Zone abzudecken, die bei einem klassischen Cover 1 von dem Linebacker ohne direkten Gegenspieler übernommen wird. Diesen Spieler nennt man in diesem Fall einen Robber (engl. ‚Dieb' oder ‚Räuber'), weil er sich unerwartet in der flachen Mitte der Defense positioniert, um Pässe des gegnerischen Quarterbacks zu „stehlen".

Es ist also zu erkennen, dass für die tatsächliche Coverage nicht unbedingt wichtig ist, wie sich die Defense zunächst aufstellt, sondern welche Zonen nach dem Snap abgedeckt werden.

Pure Zone Coverage nennt man auch Spot Drop Coverage. Der Name ist hier Programm: Spieler lassen sich nach dem Snap in bestimmte Zonen des Feldes fallen und sind für diesen Bereich zuständig. Hier darf kein Ball gefangen werden. In den meisten klassischen Zone Coverages gibt die Zahl im Namen an, wie viele Spieler darin für tiefe Zonen verantwortlich sind. Beim

Ansehen von Diagrammen ist es, gerade bei der Zone Coverage, wichtig zu verstehen, dass die eingezeichneten Bereiche oder Zonen nie genau zu übernehmen sind und von Team zu Team unterschiedlich definiert werden. Diagramme dienen eher dem groben Verständnis eines Plays oder einer Coverage.

So sieht ein klassisches Cover 2 aus:

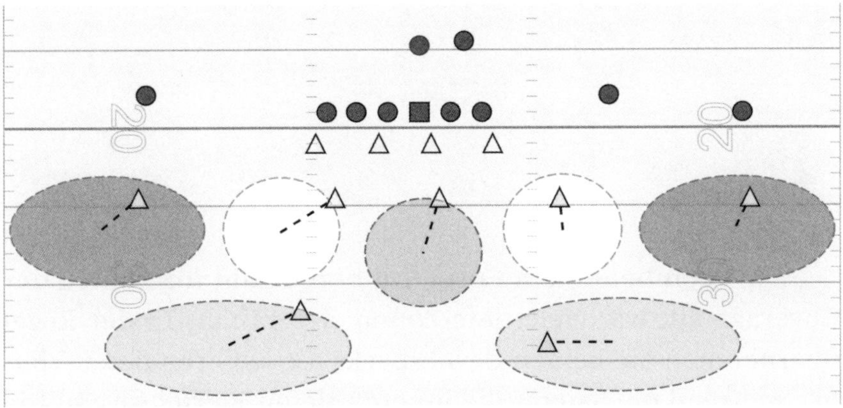

Genau wie bei einem Cover 2 Man sehen wir, dass die beiden Safeties für die tiefen Zonen zuständig sind. Sie sichern die Defense gegen weite Pässe ab. Die fünf Defensivspieler zwischen der Defensive Line und den Safeties haben hier jedoch eine andere Aufgabe. Sie sind für individuelle Zonen oder Bereiche des Feldes zuständig. Innerhalb ihrer Zone dürfen sie keinen erfolgreichen Catch zulassen. Ihr Blick gilt dabei anders als bei einer Man Coverage dem Quarterback. Sie versuchen zu erkennen, in welchen Bereich er werfen möchte, und können sich so im Idealfall sogar zwischen dem Quarterback und seiner Anspielstation positionieren, um den Ball zu *intercepten*. Jede Zone Coverage hat viele verschiedene Varianten, doch die hier aufgezeichnete ist die meistgesehene Cover-2-Version.

Eine weitere häufig verwendete Coverage ist das Cover 4:

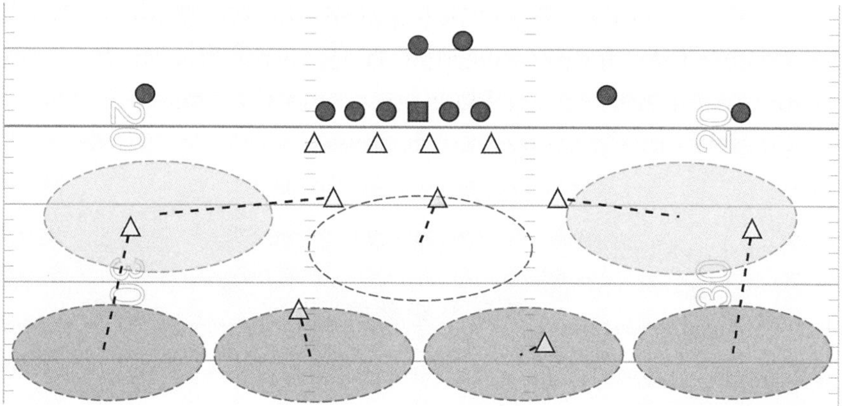

Wie auch bei einem Cover 2 gibt die Zahl im Namen der Coverage an, wie viele tiefe Zonen sie enthält. In der Regel übernehmen die beiden Cornerbacks die äußeren tiefen Viertel, während die Safetys die inneren tiefen Viertel *covern*. Die restlichen vier Coverage-Spieler versuchen, den Bereich darunter abzudecken. Die beides Flat Defender spielen in der Regel eine Art Curl-To-Flat oder Quarter-Flat-Coverage, was ungefähr bedeutet, dass sie sich von innen nach außen arbeiten. Cover 4 sichert die Defense besser als die meisten anderen Coverages gegen weit geworfene Bälle ab und kommt häufig zum Einsatz, wenn die gegnerische Offense nur noch einen Versuch hat, um eine große Anzahl an Yards zu gewinnen. In so einem Fall wäre es nicht so schlimm, wenn ein Ball bei beispielsweise fünf Yards gefangen werden würde, da man davon ausgeht, dass der ballfangende Spieler direkt danach von mehreren Defendern umzingelt wäre.

Eine interessante Mischform aus Cover 2 und Cover 4 ist das Cover 6:

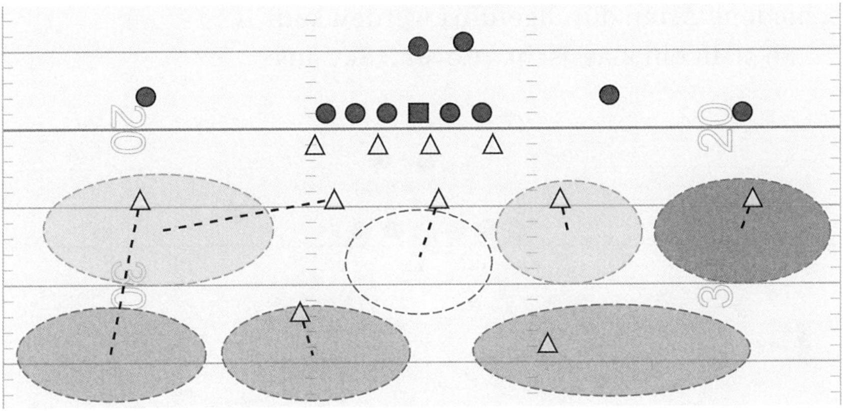

Anders als bei den zuerst behandelten Zone Coverages steht die 6 im Namen des Cover 6 nicht für die Anzahl der tiefen Zonen. Stattdessen ist es einfach nur die 4 aus Cover 4 und 2 aus Cover 2 zusammengerechnet, denn Cover 6 besteht aus zwei individuellen Hälften. Auf einer Seite des Feldes wird Cover 2 gespielt, auf der anderen Cover 4. Oft wird auf der Strongside der Offense oder der Fieldside (also der Seite des Feldes mit mehr Platz) Cover 4 gespielt, während die vier Coverage-Spieler auf der anderen Seite ein Cover 2 umsetzen. Cover 6 kann für den gegnerischen Quarterback sehr schwer zu identifizieren und verwirrend sein, da nicht auf beiden Seiten der Defense das Gleiche passiert. Er könnte also die Coverage auf einer Seite lesen und identifizieren, sich darauf verlassen und auf der anderen Seite deshalb in einen gedeckten Bereich werfen. Selbst wenn er beide Seiten getrennt voneinander liest und die entsprechende Coverage identifiziert, kostet ihn das kostbare Zeit, die dem Pass Rush hilft, näher zu ihm zu gelangen.

Die letzte der grundlegenden Zone Coverages ist das Cover 3. Auch hier wird durch verschiedene Varianten noch einmal ersichtlich werden, dass eine einzige Coverage auf viele verschiedene Arten durchgeführt werden kann.

So sieht ein klassisches Cover 3 Sky aus:

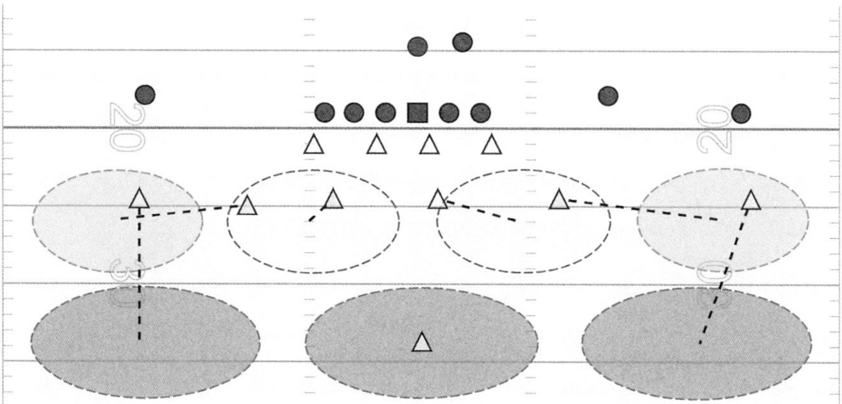

Genau wie bei einem Cover 2 oder Cover 4 gibt auch hier die Zahl im Namen wieder die Anzahl der tiefen Zonen an. Ein Cover 3 Sky gilt häufig als „normale" Variante des Cover 3. Dabei übernehmen die beiden Cornerbacks die äußeren tiefen Drittel des Spielfeldes und einer der Safeties covert die tiefe Mitte des Feldes. In der Regel handelt es sich bei dem Safety, der nach unten kommt, um eine der Flat Zonen zu covern, um den Strong Safety (Safety auf der Strongside). Wechselt man die Aufgaben der beiden Saftys, ist oft auch von einem Cover 3 Weak die Rede. Die vier flacheren Zonen werden von den restlichen vier nicht rushenden Spielern übernommen.

Eine weitere Variante dieser Coverage ist Cover 3 Cloud:

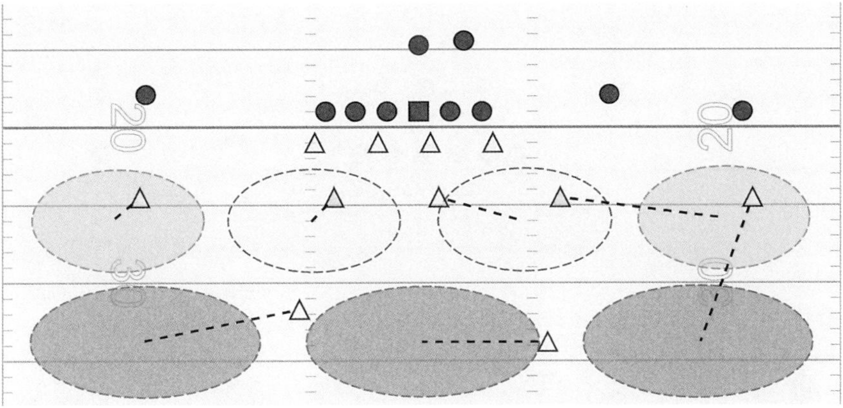

Im Gegensatz zum Cover 3 Sky haben sich zwei Aufgaben verändert. Der Strong Safety ist nun nicht mehr für die Flat, sondern für das äußere tiefe Drittel auf seiner Site zuständig. Der Cornerback, der diesen Bereich bei einem Cover 3 Sky covern würde, bleibt stattdessen in der Flat. Die Verantwortungen der beiden Spieler haben sozusagen getauscht. Das sorgt für ein komplett anderes Bild und neue Probleme für die gegnerische Offense. Statt aus einem One-High-Look (vor dem Snap nur ein Safety weit entfernt von der Line of Scrimmage in der Mitte des Feldes) lässt sich diese Coverage am besten mit einem Two-High-Look durchführen. Prinzipiell lässt sie sich aber aus beiden Looks spielen.

Aus der gleichen Pre-Snap-Aufstellung könnte man auch ein Cover 3 Buzz spielen:

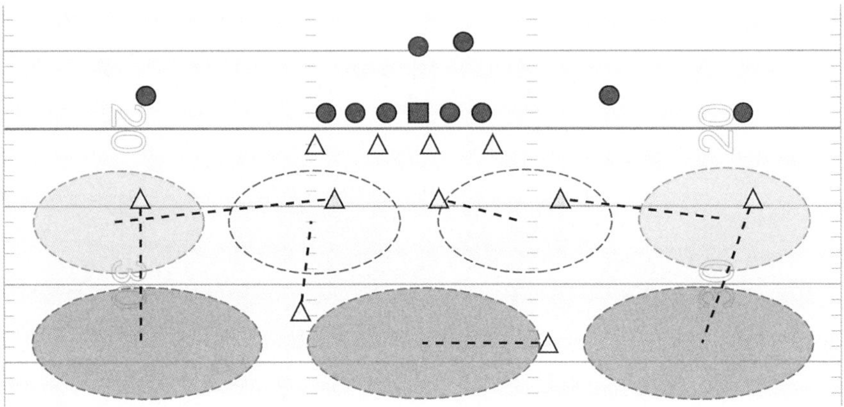

Auch hier werden im Vergleich zum Cover 3 Sky zwei Aufgaben getauscht. Der Strong Safety ist nun nicht mehr für die Flat Zone zuständig, sondern für die Hook Zone, die sich mehr in der Mitte der Defense befindet. Der Linebacker, der in einem Cover 3 Sky die Verantwortung für diese Zone hat, deckt stattdessen die Flat auf seiner Seite. Auch das kann den Quarterback maßgeblich verwirren. Sie sehen eventuell, wie sich beide Linebacker in der Box auseinander bewegen, und denken, dass sich dazwischen nun ein großer Bereich bietet, in dem sie ihre Receiver, Tight Ends oder Running Backs anwerfen können. Doch genau diesen Bereich covert in einem Cover 3 Buzz der Safety, was für viele Quarterbacks unerwartet ist.

Bei allen drei gezeigten Varianten des Cover 3 werden die exakt gleichen Zonen abgedeckt. Lediglich die Verteilung innerhalb der defensiven Spieler unterscheidet sich. Doch alleine dieses kleine Detail kann die Offense bedeutend verwirren und der Defense so einen entscheidenden Vorteil ermöglichen.

Die beiden bereits erwähnten Mischformen der Man und Zone Coverage nennt man Match Coverage. Hier werden Elemente der Zone und Man Coverage miteinander kombiniert, um bestimmte Schwächen der Zone Coverage zu eliminieren. Ein grundlegendes Problem der Zone Coverage ist es, dass die Lücken zwischen den Zonen angreifbar sind. Auf dieses Problem stießen zum Beispiel Nick Saban und Bill Belichick, als sie die Browns anführten. Um sich gegen das starke Laufspiel ihrer Konkurrenten wehren zu können, brauchten sie einen zusätzlichen Defensivspieler in der Box und spielten mit diesem One-High-Look viel Cover 3. Die Antwort der Offense auf ein klassisches Spot Drop Cover 3 ist oft, vier Receiver einfach geradeaus das Feld hochzuschicken. Vier Spieler gegen drei defensive Zonen war ein Problem, da sich der Safety in der Mitte des Feldes für eine Seite entscheiden muss. Geht er nach rechts, wirft der Quarterback links, geht er nach links, wirft der Quarterback nach rechts. Die einfache Lösung auf dieses Problem wäre es natürlich, Cover 1 zu spielen, denn auch das ist mit einem Extrasafety in der Box möglich. Allerdings ist man dabei darauf angewiesen, seine individuellen Duelle zu gewinnen. Wenn der Gegner die besseren Athleten hat, kann Man Coverage mit vielen horizontalen Routen leicht überwunden werden.

Als Lösung für das Problem entwarfen Saban und Belichick eine Defense, die sie Rip/Liz Match nannten. Es gilt als erste Zone Match Defense. Die innovative Coverage sollte die besten Elemente von Cover 1 und Cover 3 vereinen oder besser gesagt ihre Schwächen beschützen. Es ist eine durchaus komplizierte und nuancierte Defense mit vielen Regeln. So einfach wie möglich erklärt ist es ein Cover 3, das eine eingebaute Notlösung für den Fall hat, dass vier Receiver vertikal das Feld herunterlaufen.

Final könnte diese Zone-Match-Coverage so aussehen:

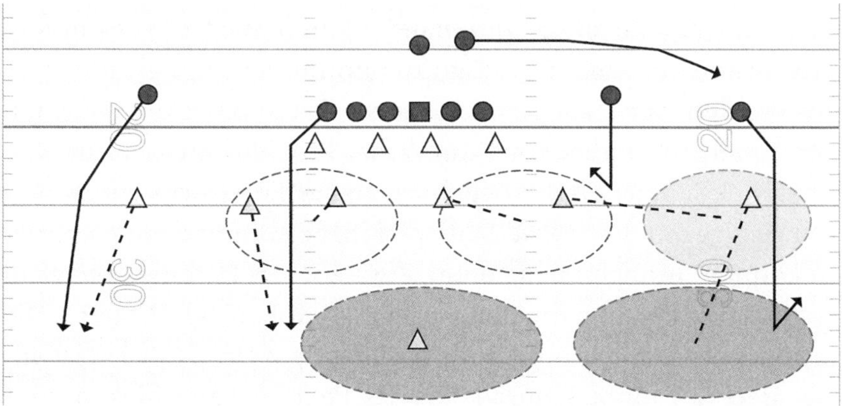

Was auf den ersten Blick verworren aussehen mag, ergibt durch und durch Sinn, wenn man sich die Regeln der Zone Match Coverage vor Augen führt. Aus der Sicht der Defense haben wir links zwei potentielle Passempfänger, die vertikale Routen laufen. Beide werden von Defendern aufgenommen und in Man Coverage weitergetragen. Was vertikale Routen ausmacht, ist Sache der Definition durch das Team. Bei vielen Teams gibt es eine Art Schwelle bei ungefähr zehn Yards. Wird diese durch einen Spieler überschritten, gilt es als vertikale Route und wird von dort an in Man Coverage gedeckt. Auf der rechten Seite wird lediglich der äußere Receiver getragen und ob der Cornerback eine vertikale Route covert oder in sein vorgegebenes tiefes Drittel droppt, macht hier keinen Unterschied. Bei den Routen des Running Backs und des Slot Receivers sieht man jedoch, dass es sich dabei nicht um vertikale Routen handelt. Deshalb bleibt das Cover 3 hier bestehen und jeder Spieler covert seine Zonen.

Nicht so in diesem Beispiel:

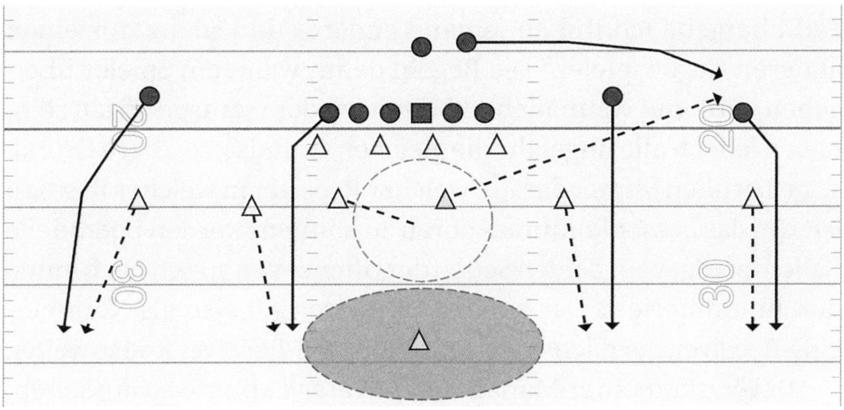

Das primäre offensive Play, für das die Coverage entwickelt wurde, sind Four Verticals. Also vier vertikale Routen der Receiver oder Tight Ends. In diesem Fall sehen wir, dass die Routen alle in Man Coverage übernommen werden und das Endergebnis nahezu nicht von einem Cover 1 zu unterscheiden ist.

Der grundlegende Gedanke der Zone Match Coverage ist: „Wenn jemand in meine Zone kommt, ist er mein Gegenspieler und ich verteidige ihn *man-to-man*." Spieler führen trotzdem einen Zone Drop durch. Spieler in Coverage droppen in der Regel in ihre Zone, haben die Augen auf dem Quarterback und übernehmen erst dann einen eventuellen Gegenspieler der Offense.

Hier lässt sich der wesentliche Unterschied zur Man Match Defense erklären, auch wenn beide Defenses ähnliche Regeln haben und oft über einen Kamm geschoren werden. Beide Coverages zählen zu den ‚Pattern Match' Defenses. ‚Pattern' ist das englische Wort für *Muster* und bedeutet in diesem Zusammenhang, dass sich die Defense nach dem Muster oder Schema der Offense richtet. Statt Zone-Grundlagen baut Man-Match aber, wie es der Name suggeriert, auf Man-Coverage-Prinzipien.

Der Gedanke hinter Man Match Coverage ist: „Ich bleibe an meinem Gegenspieler, bis er etwas Bestimmtes macht. In diesem Fall übergebe ich ihn an jemand anderes und suche mir einen anderen Gegenspieler." Die Regeln dafür, wann ein Spieler übergeben wird und wann nicht, können wieder teamspezifisch sein, haben jedoch alle ungefähr die gleichen Grundsätze. Diese Grundsätze beruhen immer darauf, welcher Receiver in welcher Position ist. Um das besser kommunizieren zu können, werden potentielle Ballempfänger auf beiden Seiten der Offense von außen nach innen durchnummeriert. Der äußerste Receiver gilt also als Nummer-eins-Receiver, der nächste als Nummer-zwei-Receiver und so weiter.

Der Verlauf einer Man Match Coverage könnte so aussehen:

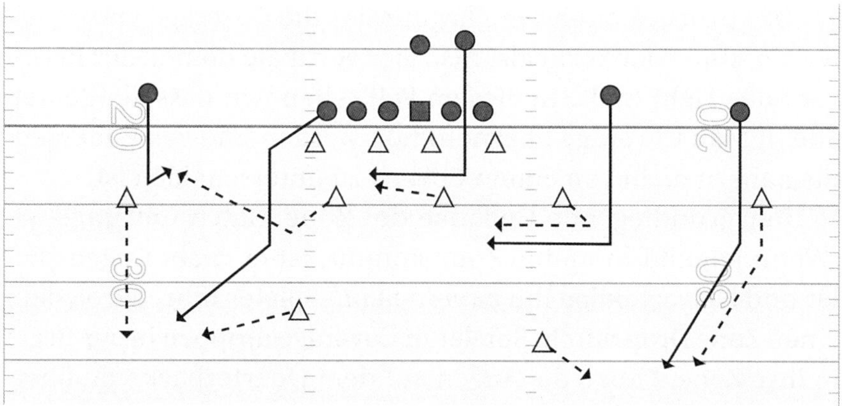

Wir sehen, dass nicht beide Cornerbacks an ihrem Gegenspieler vom Anfang des Plays bleiben. Der linke Corner sieht, dass der Nummer-eins-Receiver eine kurze Route läuft und der Nummer-zwei-Receiver das Feld vertikal hochläuft. Daraufhin übergibt er den Nummer-eins-Receiver an den Linebacker. Dieser bleibt ein Stück beim Nummer-zwei-Receiver, ehe er merkt, dass dieser eine vertikale Route hat und sich deshalb für ihn eliminiert hat. Anschließend übernimmt er den Nummer-eins-Receiver, der eine kurze Route läuft. Der Linebacker oder Nickel-Verteidiger, der den rechten Slot Receiver covert, trägt auch diesen ein Stück das Feld hoch. Sein Gegenspieler läuft eine In-Route, die ihn nach ungefähr fünf bis sieben Schritten nach innen ausbrechen lässt. Da der Receiver hier nicht weit genug vertikal gelaufen ist, eliminiert er sich nicht für seinen Gegenspieler und der Linebacker oder Nickel Defender bleibt in seiner Man Coverage.

Ein weiteres Beispiel für Man Match Defense, diesmal aus einer 3x1-Formation der Offense:

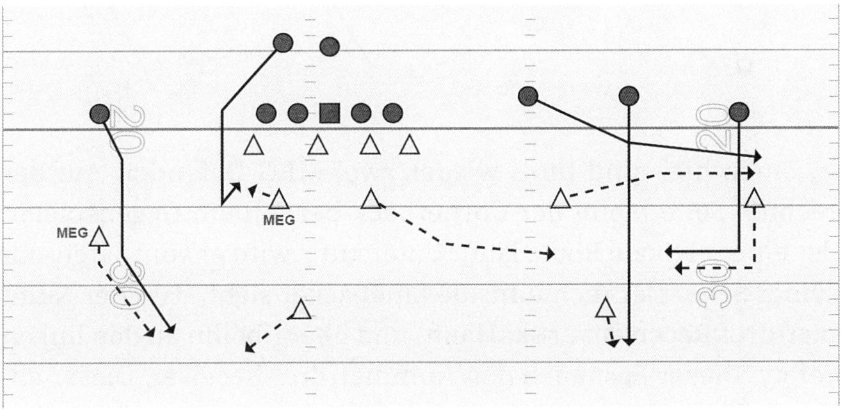

Coverage-Regeln einer Man Match Defense sind in der Regel auch von der gegnerischen Formation abhängig. Häufig sieht man hier auf der Single-Receiver-Seite (also der Seite, auf der nur ein Receiver steht) die drei Buchstaben ‚MEG'. Diese stehen für *Man Everywhere he Goes*. Konkret bedeutet das, dass es hier keine Match-Regeln gibt, sondern der entsprechende Spieler einfach in Man Coverage gedeckt wird. In unserem Beispiel sehen wir, dass der Cornerback auf der Single-Receiver-Seite sowie der Linebacker über dem Running Back auf der gleichen Seite mit dem Hinweis MEG gekennzeichnet sind. Alle restlichen Spieler gehen ihren Man-Match-Richtlinien nach.

Ebenfalls in diesem Beispiel sehen wir Man-Match- und klassische Man-Coverage-Prinzipien:

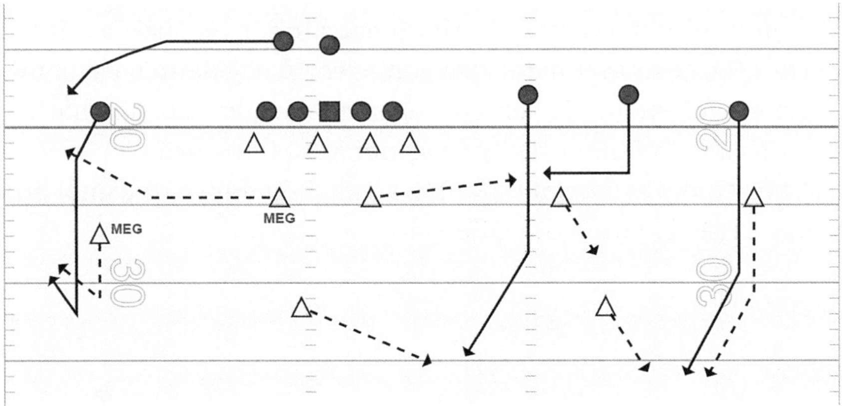

Auch hier sind links wieder zwei MEG Defender. Auf der rechten Seite bleibt der Cornerback bei seinem Gegenspieler, der eine vertikale Route läuft. Unterstützt wird er vom Safety auf seiner Seite. Der rechte Inside Linebacker sieht, dass der Nummer-drei-Receiver vertikal läuft, und übergibt ihn an den linken Safety. Dieser liest auch den Nummer-drei-Receiver. Dieser eliminiert sich für ihn nicht, indem er beispielsweise eine flache Route läuft, sondern bleibt vertikal und wird somit übernommen. Der Nickel übergibt den Nummer-zwei-Receiver an den Inside Linebacker und droppt dann nach hinten, während er nun frei ist, die Augen des Quarterbacks zu lesen.

Für sämtliche Arten der Pattern Match Coverage, insbesondere aber für Man Match, ist es von extremer Bedeutung, gut zu kommunizieren. Das gilt nicht nur für die Zeit vor dem Snap, sondern vor allem während des Plays. Dafür gibt es in jeder Defense Calls, die während des Plays ausgerufen werden, um Mitspieler auf Vorkommnisse aufmerksam zu machen. Auch diese unterscheiden sich von Team zu Team, müssen allerdings nicht geheim gehalten werden. So könnte im letzten Beispiel eventuell der Call „IN“ vom Nickel Defender an den Linebacker erfolgen, um diesen darauf aufmerksam zu machen, dass der Nummer-zwei-Receiver eine flache Route nach innen läuft und damit jetzt die Verantwortung des Inside Linebackers ist. Ohne Kommunikation auf hohem Level ist es unmöglich, diese komplizierteren Arten der Coverage zu spielen.

Das letzte fehlende Element sind die bereits erwähnten Blitze. Ein Blitz kann in verschiedenen Situationen zum Einsatz kommen, doch später mehr zu taktischen Entscheidungen. Wie viel und wie stark ein Team blitzt, hängt von vielen Faktoren ab, darunter der Spielverlauf, das Personal des Teams, die gegnerische Offensive Line, der gegnerischen Quarterback und viele mehr. Außerdem gibt es auch hier wieder verschiedene Arten von Blitz-Plays. Auch wenn es spezielle Blitze gibt, deren Ziel es ist, das gegnerische Laufspiel zu unterbinden, ist es normalerweise das Hauptziel eines Blitzes, die gegnerischen Blocker entweder zu verwirren oder zu überladen und so Druck auf den gegnerischen Quarterback auszuüben.

Zum einen gibt es sogenannte Man-Blitze:

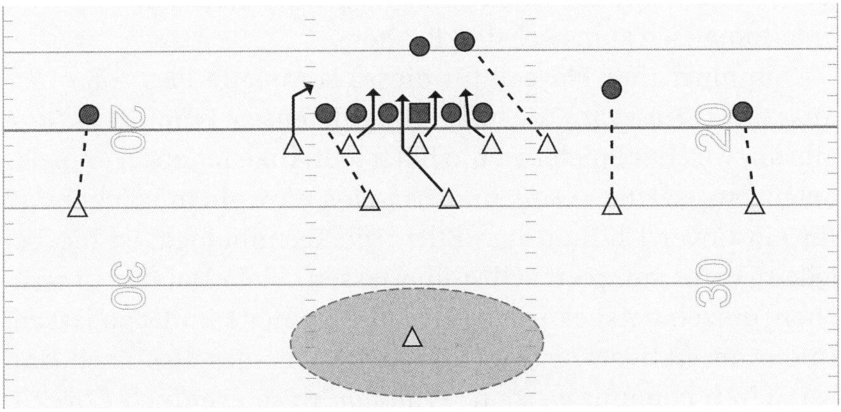

Wie leicht zu erkennen ist, kommt der Name daher, dass die Coverage hinter dem Blitz eine Man Coverage ist. Es handelt sich hier um ein Cover 1, in dem der Job des Spielers geändert wurde, der normalerweise die flache Mitte covert. Stattdessen blitzt er in diesem Play durch das Strongside-A-Gap. Ziel des Blitzes wäre es, die inneren drei Spieler der Offensive Line zu überladen. Die 0er-Technik versucht, den Center zu beschäftigen, während der aus Defense-Sicht linke Guard von außen durch die Strongside-5er-Technik attackiert wird. Hier könnte sich eine Lücke zwischen den beiden Offensive Linemen öffnen, durch die der blitzende Linebacker einen freien Weg zum Quarterback hat.

Für die Eventualität, dass die Offense zusätzliche Blocker beansprucht, gäbe es die Möglichkeit, einen sogenannten Green-Dog zu installieren. Das bedeutet für Defensivspieler nicht anderes, als dass sie zu zusätzlichen Blitzern werden, wenn sie sehen, dass der Spieler, den sie eigentlich covern sollten, als zusätzlicher Blocker agiert. In diesem Beispiel könnte die Offense sowohl den Tight End als auch den Running Back bei der Offensive Line lassen, um diese zu unterstützen. Sieht der Outside Linebacker mit Man Coverage auf dem Running Back nun also, dass dieser nicht auf eine Passroute geht, sondern blockt, wird er automatisch zum sechsten Rusher.

Ein möglicher Playcall für dieses komplette Play wäre *Okie Mike Cross Princeton. Okie* steht für die defensive Front, *Mike Cross* gibt an, welcher Spieler wohin blitzt (der Mike Linebacker in das entgegengesetzte A-Gap), und *Princeton* wäre ein möglicher Call für ein Cover 1 hinter dem Blitz. Die Terminologie ist hierbei jedem Team komplett selbst überlassen. Viele Defenses versuchen, einzelne Aspekte des Playcalls in einer Familie zu lassen. In diesem fiktiven Beispiel könnten Coverages also nach Universitäten benannt werden. *Princeton* wäre eventuell Cover 1,

Stanford vielleicht eine Cover 4. Der Fantasie sind hierbei keine Grenzen gesetzt, solange es die Spieler des Teams verstehen.

Die andere Art, zu blitzen, tauscht die Man Coverage hinter dem Blitz gegen Zone Coverage ein. Eine häufig eingesetzte Taktik, um die gegnerische Offense zusätzlich zu verwirren, ist dabei der ‚Fire-Zone-Blitz':

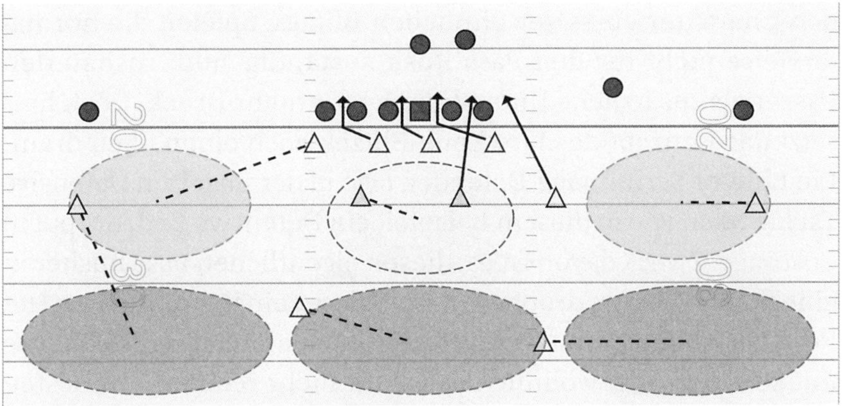

Bei einem Fire-Zone-Blitz wird in der Regel eine Seite der Offensive Line überladen. Normalerweise besteht ein Blitz dieser Art aus einem Fünf-Mann-Blitz und rotierender Zone Coverage dahinter. Ein Fire-Zone-Blitz versucht eine offensive Antwort auf Blitz-Looks der Defense auszunutzen: den Hot-Read. Der Hot-Read ist für den Quarterback eine Art Notfallplan für den Fall, dass die Defense Spieler auf ihn hetzt, die nicht geblockt werden können. Das Ganze kann entweder passieren, wenn die Defense ganz einfach mehr Spieler in den Pass Rush schickt, als die Offense Blocker hat, oder wenn die Defense das offensive Blocking-System erfolgreich verwirrt oder überwunden hat. In so einem Fall sollte der Quarterback in jedem Passing Play eine Notfalllösung parat haben. Oft ist es ein Receiver, der eine kurze, schnelle Route läuft oder seine Route sogar ändern oder abbrechen muss, wenn er sieht, dass die Defense blitzt. Genau hier setzt der Fire-Zone-Blitz an.

Wie wir in der Grafik sehen, wird die rechte Seite der Offensive Line durch den Blitz überladen. Alle Defensive Linemen attackieren ein oder sogar zwei Gaps weiter links, als ihre Aufstellung vermuten lassen würde, und gleichzeitig blitzen zwei Off-Ball-Linebacker über die rechte Seite. Bis hierhin hat alles den Charakter eines gewöhnlichen Blitzes. Spieler, die normalerweise nicht für den Pass Rush zuständig sind, rushen den Passer als zusätzliche Unterstützung für mehr Druck. Doch hier setzt das Konzept des Fire-Zone-Blitzes noch einen oben drauf. Ein Line-of-Scrimmage-Defender, also in der Regel ein Defensive Tackle oder, wie in diesem Beispiel, ein Defensive End, droppt in Coverage. Zweck davon ist es, diesen eigentlichen Pass Rusher in eine flache Zone zu droppen, damit dieser einen eventuellen Hot Read verhindern kann. Die Defense baut darauf, dass die Offense mit so einer ungewöhnlichen Taktik nicht rechnet. Im besten Fall übersieht der Quarterback den Spieler komplett und wirft den Hot Read trotzdem. Jetzt besteht für den Defensive-Line-Spieler die Chance, den Ball sogar für eine Interception abzufangen. Sieht der Quarterback den Spieler jedoch rechtzeitig, muss er nun trotzdem noch umdisponieren und kann nicht seinen Hot Read werfen, auf den er sich verlassen hat. Das klaut der Offense wertvolle Zeit, und die Defense hat eine größere Chance, den Quarterback zu sacken.

Ein möglicher Playcall für dieses Play wäre *Over Wham Clover*. Der erste Part (*Over*) würde auch hier wieder für die Front stehen. *Wham* ist, durch den Anfangsbuchstaben *W* und den letzten Buchstaben *M*, ein gebräuchliches Code-Wort für einen Blitz des Will-und-Mike-Linebackers. Würde auch der Sam-Linebacker blitzen, bräuchte man noch ein *S* im Code-Wort; hierfür haben viele Teams das Wort *Swim*. *Clover* ist wieder ein arbiträres

Wort für die Coverage hinter dem Blitz. Diesmal habe ich mich für eine Alliteration entschieden und ein Wort mit dem Anfangsbuchstaben *C* für das vorhandene Cover 3 *Cloud* gesucht.

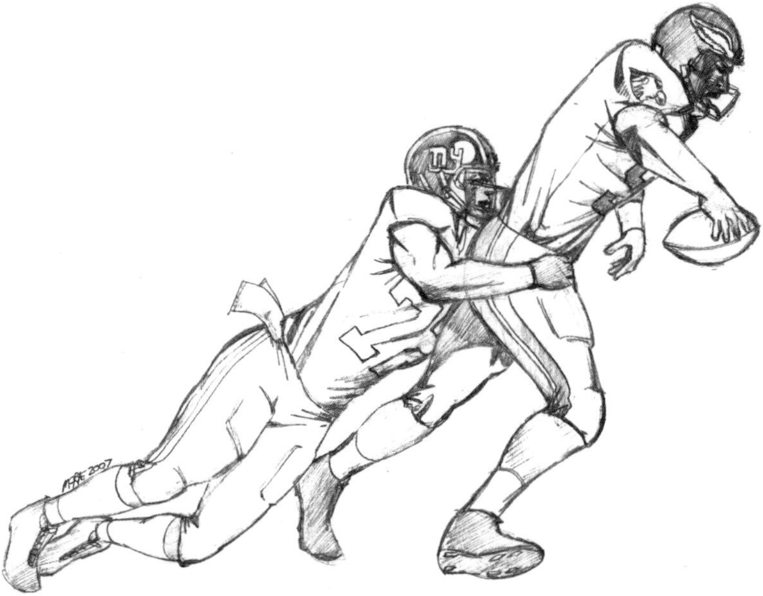

Oft wird mir die Frage gestellt, welche Defense besser sei, Zone oder Man. Oder welcher defensive Stil besser sei, 4-3 oder 3-4. Letztendlich kommt es immer darauf an, welche Spieler man im Team hat. Gleichzeitig hilft es, zu wissen, wann man sich für eine Variante entscheiden sollte und wann es helfen kann, vielseitig zu bleiben. Meiner Erfahrung nach kann es für Teams mit weniger Trainingszeit deutlich sinnvoller sein, nur wenige statt viele defensive Fronten zu haben. Man- und Zone-Elemente sollten sich in jeder Defense wiederfinden, ansonsten macht man es gegnerischen Offenses viel zu einfach, sich einen Gameplan zu überlegen. Auch sollte es einen guten Mix dazwischen geben, den Gegner verwirren zu wollen und seine eigenen Coverages gut zu beherrschen. Gibt es zu viele verschiedene Coverages, Blitze und Looks, verwirrt man damit nicht nur den Gegner, sondern auch die eigenen Spieler.

Das Allerwichtigste für eine erfolgreiche Defense ist, neben den Basics wie Tackling und dem Überwinden von Block-Versuchen, eine lückenlose Kommunikation. Jeder Fakt, jeder Check und jede kleine Anpassung sollte vor, während und nach dem Play innerhalb der Defense kommuniziert werden.

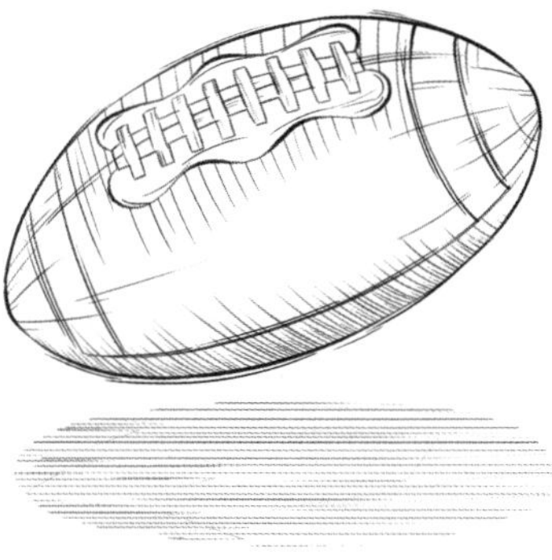

Kapitel 6

Die Taktik hinter Spielentscheidungen

Der Offensive Coordinator kontrolliert die Offense und gibt an, welche Plays gespielt werden. Der Defense Coordinator übernimmt die gleichen Aufgaben für die Defense. Der Special-Teams-Coordinator kümmert sich um alle Field Goals, Punts und Kicks des Spiels. Welche Aufgaben hat dann überhaupt der Head Coach eines Teams während eines Spiels?

Der Head Coach ist letzten Endes für alle Entscheidungen, die von den restlichen Coaches getroffen werden, verantwortlich. Wenn er sich gegen eine Entscheidung eines der Coordinators ausspricht, gilt sein Wort. Gleichzeitig liegt es in seiner Verantwortung, das gesamte Spiel im Blick zu haben. Er muss stets wissen, in welcher Spielsituation er sich gerade befindet und welche taktischen Entscheidungen seinem Team dabei helfen werden, das Spiel zu gewinnen. Einige dieser Entscheidungen und Taktiken möchte ich in diesem Kapitel näher beleuchten.

Eine Situation, in der sich jeder Head Coach höchstwahrscheinlich mehrmals pro Spiel wiederfindet, ist die des vierten Downs. Schafft sein Team es in drei Versuchen nicht, ein neues First Down zu erspielen, bleiben dem Head Coach drei bis vier verschiedene Optionen, das vierte Down anzugehen.

Die erste Option ist es, den Versuch auszuspielen. Hierbei sind vor allem zwei Faktoren wichtig: Wie viele Yards fehlen zum neuen First Down; und wo auf dem Feld befinde ich mich? Grundsätzlich kann man sagen, dass es erfolgsversprechender ist, ein Fourth Down auszuspielen, wenn nur wenige Yards zu überbrücken sind. Befindet man sich in einer 4.-&-12-Situation, ist es deutlich schwieriger, ein neues First Down zu erreichen als in einer 4.-&-2-Situation. Die Feldposition ist hier ein wenig schwieriger einzuschätzen. Je näher das eigene Team an der eigenen Endzone ist, umso ärgerlicher wäre es, den vierten Versuch nicht erfolgreich zu absolvieren. Gelingt es einem nicht, die nötigen Yards für ein neues First Down zu gewinnen, übernehmen die Gegner sehr nah an der eigenen Endzone und sind vermutlich schon in einer guten Position, um wenigstens ein Field Goal zu schießen. Befindet man sich wiederum in der Nähe der gegnerischen Endzone, gibt es auch hier Gründe, die gegen ein Ausspielen des vierten Versuchs sprechen. Gelingt dieser nicht, bekommt der Gegner den Ball zwar weit entfernt von der eigenen Endzone, dafür wurden vom eigenen Team aber drei Punkte durch ein Field Goal mehr oder weniger liegen gelassen. Deshalb stellt sich hier die Frage: Versuchen wir lieber, ein Field Goal zu erzielen und drei Punkte aus dem Drive mitzunehmen, oder gehen wir lieber auf Risiko und versuchen, ein neues First Down zu erzielen, um den Drive zu verlängern, und am Ende davon hoffentlich einen Touchdown mitzunehmen? Aus diesen Gründen finden die meisten vierten Versuche, die zu neutralen Zeitpunkten des Spiels (also ohne großen Rückstand oder Führung) ausgespielt werden, in der Mitte des Spielfeldes statt und haben eine kurze bis mittlere Distanz zum neuen First Down zu überbrücken. Ein Beispielszenario hierfür wäre ein „4. & 2“ von der gegnerischen 42-Yard-Linie.

Die zweite Option ist es, mit seinem vierten Versuch ein Field Goal zu schießen. Hierfür sind lediglich die Spielsituation und die Entfernung zum gegnerischen Field Goal entscheidend. Liegt das eigene Team beispielsweise mit 4 Punkten zurück und es sind noch 12 Sekunden Spielzeit auf der Uhr, ergibt das Schießen eines Field Goals wenig Sinn, selbst wenn man sich nah an der gegnerischen Endzone befindet. Die höchste Distanz, aus der es für das Team Sinn ergibt, ein Field Goal zu versuchen, hängt von den äußeren Bedingungen und den Fähigkeiten des eigenen Kickers ab. Grundsätzlich kann man in der NFL davon ausgehen, dass Kicker in der Lage sein sollten, Field-Goal-Versuche innerhalb von 50 Yards erfolgreich abzuschließen.

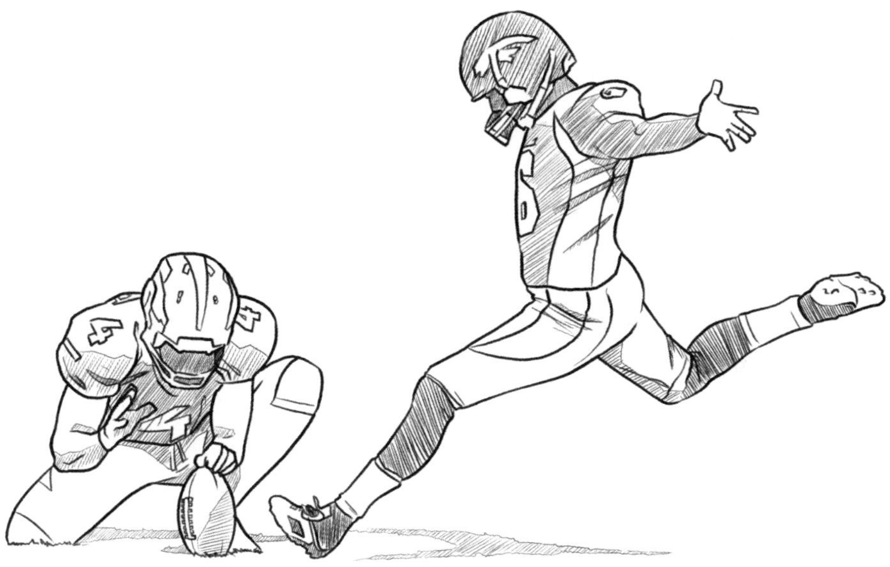

Die Entfernung für ein Field Goal lässt sich einfach berechnen. Man addiert dafür die Entfernung zur gegnerischen Endzone, die zehn Yards für die Tiefe der Endzone und die sieben Yards, die der Ball am Anfang des Plays vom Long Snapper zum Holder gesnappt wird. Findet der vierte Versuch eines Teams also von der gegnerischen 25-Yard-Linie statt, handelt es sich um einen 42-Yard-Field-Goal-Versuch. Einfach zu merken ist, dass auf die Yardlinie 17 Yards addiert werden müssen, um die Entfernung des Field Goals zu bestimmen. Der Kicker mit der besten prozentualen Erfolgsquote ist zum Zeitpunkt der Verfassung dieses Kapitel Younghoe Koo von den Atlanta Falcons. In seiner bisherigen Karriere kommt er auf eine Erfolgsquote von exakt 90 %.

Die äußeren Umstände beziehen sich hauptsächlich auf das Wetter. Regnet es oder herrschen starke Winde im Stadion, ist es für den Kicker selbstverständlich schwieriger, ein Field Goal zu treffen. Allerdings können auch Faktoren wie der Boden (Naturrasen oder Kunstrasen) oder sogar die dünnere Luft in höher gelegenen Stadien von Entscheidung sein. Das am höchsten gelegene Stadion der NFL ist das Heimstadion der Denver Broncos. Wegen der dünnen Luft werden in diesem Stadion regelmäßig längere Field Goals probiert und verwandelt. Ein Beispielszenario für einen Feild-Goal-Versuch wäre ein 4.-&-7 von der gegnerischen 31-Yard-Linie.

Die dritte Option ist es, den Ball zu punten. Das gilt als konservativste Entscheidung und dient dazu, dem Gegner eine möglichst schlechte Feldposition zu ermöglichen. Ist man mit dem vierten Versuch zu weit von der gegnerischen Endzone entfernt, um ein Field Goal zu versuchen, und die Distanz zum neuen First Down ist zu groß, um den vierten Versuch auszuspielen, verlassen sich die meisten Teams auf ihren Punter. Er kommt auf das Feld und versucht, den Ball so nah wie möglich an die gegnerische Endzone zu schießen. Anders als beim Field Goal schießt er diesen Ball nicht vom Boden, sondern lässt ihn fallen und trifft ihn in der Luft. Anschließend versucht das gesamte Team, so schnell wie möglich das Feld herunterzurennen, um dem gegnerischen Team keinen guten Punt-Return zu ermöglichen. Ein Beispielszenario hierfür wäre ein 4.-&-6 an der eigenen 29-Yard-Linie.

Die vierte Option ist eigentlich nur eine Mischung aus der ersten und entweder der zweiten oder dritten Option. Hierbei handelt es sich um einen sogenannten Fake. Ziel dieser Option ist es, den Gegner glauben zu lassen, dass man ein normales Field Goal oder einen normalen Punt durchführen möchte, um dann anschließend den Versuch trotzdem auszuspielen. Wichtig dafür ist es, dass man sich nicht für eine Situation entscheidet, in der der Gegner diesen Fake kommen sieht. Häufig führen bei einem Fake Spieler eine Aufgabe aus, die sie normalerweise nicht haben. Dadurch sind die Erfolgschancen gering, wenn man es nicht schafft, den Gegner glauben zu lassen, dass man wirklich puntet oder ein Field Goal schießt. Optionen gibt es viele: Man kann den Punter oder Holder den Ball werfen lassen, einen anderen Spieler des Punt- oder Field-Goal-Teams den Ball laufen lassen oder mit Misdirection arbeiten, also den Spielfluss in eine Richtung anzeigen, während sich der Ball eigentlich in eine andere Richtung bewegt. Kurze Distanzen zum neuen First Down eignen sich eher für einen Fake, aber da das Ganze nahezu komplett auf dem Überraschungsmoment basiert, sind Entfernungen ein wenig zu vernachlässigen. Ein Beispielszenario könnte bei einem Fake jedes Szenario sein.

Der Head Coach ist dafür verantwortlich, bei jedem vierten Down zu entscheiden, welche der entsprechenden Optionen durchgeführt wird, und muss dafür sämtliche hier genannte Faktoren und viele weitere Nuancen im Kopf haben und abwägen.

Die eventuell komplizierteste Aufgabe eines Head Coaches während des Spiels ist das Zeitmanagement. Gerade zum Ende der Hälften gibt es viele Variablen, die beachtet werden müssen. Der Spielstand des Spiels ist am Ende des Spiels am entscheidendsten. Führt das eigene Team, versucht man so viel Zeit wie möglich von der Uhr zu nehmen, um der gegnerischen Mannschaft so wenig Zeit wie möglich zu lassen, um noch ein

Comeback zu starten. Dies wird „4-Minute-Offense“ genannt. Um möglichst viel Zeit von der Uhr zu nehmen, versucht eine Offense, ihre Spielzüge immer im Feld zu beenden, also durch ein gegnerisches Tackle. Endet ein Spielzug hier, weil ein Pass nicht gefangen wurde oder der Ballträger ins Aus rennt, hält auch die Spieluhr an, was es aus offensiver Sicht zu vermeiden gilt. Ist am Ende des Spiels nur noch so wenig Zeit auf der Uhr, dass das gegnerische Team den Ball im Normalfall nicht mehr zurückbekommen kann, muss die Offense keine richtigen Plays mehr laufen. Stattdessen wird der Ball einfach zum Quarterback gesnappt, der sich dann auf ein Knie kniet, was das Play an dieser Stelle beendet. Die Offense hat nun neue 40 Sekunden, bis sie das nächste Play beginnen müssen. Gleichzeitig läuft auch die Uhr mit der Spielzeit weiter. Sind beispielsweise noch 1 Minute und 15 Sekunden auf der Spielzeituhr und der Gegner hat keine Timeouts mehr, um die Uhr anzuhalten, kann das Team in Ballbesitz die Uhr auslaufen lassen. Hierfür knien sie einmal ab und lasse die Uhr bis unter 40 verbleibenden Sekunden laufen. Jetzt knien sie ein zweites Mal ab, die Uhr kann vom gegnerischen Team nicht mehr angehalten werden und das Team in Ballbesitz muss den Ball nicht noch einmal snappen, da auf der sogenannten Playclock (die die verbleibende Zeit anzeigt, bis das nächste Mal gesnappt werden muss) mehr Zeit verbleibt als auf der Spielzeituhr.

Dreht man das Szenario um, muss der Head Coach immer im Kopf haben, wie viele Timeouts ihm noch nur Verfügung stehen und wann er sie am besten benutzt. Teams haben drei Timeouts pro Hälfte. Im Idealfall sollten Teams sich ihre Timeout bis an das Ende der jeweiligen Hälfte aufsparen, um dann in der Lage zu sein, die Uhr anzuhalten und dafür zu sorgen, den Ball noch einmal wiederzubekommen. Manchmal lohnt es sich aber auch, mitten in einer der Hälften ein Timeout zu nehmen, um

Schlimmeres zu verhindern. Ein Head Coach könnte beispielsweise ein Timeout nehmen, wenn er sieht, dass sich ein oder mehrere Spieler falsch aufgestellt haben oder aufgrund des Playcalls sichtlich verwirrt sind. Auch werden Timeouts manchmal benutzt, um eine Spielverzögerungsstrafe zu verhindern. Sieht ein Head Coach also, dass die Playclock gefährlich wenig Zeit anzeigt, während seine Offense noch nicht bereit aussieht, den Ball zu snappen, kann er ein Timeout nehmen, um die fünf Strafyards durch eine Spielverzögerung zu verhindern.

Interessante Szenarien ergeben sich oft am Ende der ersten Halbzeit, also des zweiten Viertels. Hier beginnen Coaches bereits, an die verbleibende Spielzeit des Viertels zu denken, wenn man eigentlich davon ausgehen könnte, dass beide Teams noch mehrere Drives darin haben. Befindet sich ein Team mit beispielsweise noch sechs Minuten auf der Spielzeituhr in Ballbesitz, muss man sich nun die Frage stellen, wie man mit der Zeit umgehen möchte. Das primäre Ziel sollte natürlich weiterhin sein, einen Touchdown zu erzielen, aber unter Umständen könnte es sogar ertragreicher sein, die Uhr so weit nach unten zu treiben, dass das gegnerische Team in dieser Halbzeit nicht mehr in Ballbesitz kommt. Dafür kommt es natürlich auch darauf an, wie stark man die gegnerische Offense und die eigene Defense einschätzt.

Um das verständlicher zu machen, hier ein kleines Beispiel:

Team A erhält den Ball durch einen Punt an der eigenen 35-Yard-Line bei einem Spielstand von 17 zu 17 mit noch 6:04 verbleibenden Minuten im zweiten Viertel. Die Offense von Team A liefert einen guten Drive ab und erzielt einen Touchdown mit noch 2:21 Minuten auf der Uhr. Der Extrapunkt wird getroffen und Team A führt nun mit 24 zu 17. Jetzt bekommt Team B den Ball durch den anschließenden Kickoff und bewegt sich schnell voran. Mit noch 13 verbleibenden Sekunden in der ersten

Halbzeit kann nun auch Team B noch einen Touchdown erzielen und es steht nach dem erfolgreichen Extrapunkt 24 zu 24. Team A hat nicht mehr genug Zeit, um noch etwas zu bewirken, und das Spiel geht mit einem Unentschieden in die Halbzeit.

Obwohl Team A großen offensiven Erfolg hatte, konnte es mit seinem letzten richtigen Drive nicht wirklich etwas bewirken, da es der gegnerischen Offense zu viel Zeit auf der Uhr gelassen hat. Ein anderes Szenario sehen wir in diesem zweiten Beispiel:

Auch hier erhält Team A wieder den Ball durch einen Punt an der eigenen 35-Yard-Line und es steht wie im ersten Beispiel 17 zu 17 mit noch 6:04 verbleibenden Minuten im zweiten Viertel. Statt sich jetzt nur auf den Erfolg des Drives zu fokussieren, behält der Head Coach des angreifenden Teams die Uhr im Blick und weist sein Team an, sich zwischen den Plays immer möglichst viel Zeit zu lassen und die Playclock bei jedem Play unter 10 Sekunden laufen zu lassen, bevor der Ball gesnappt wird. Team A hat den gleichen Erfolg wie im ersten Beispiel, nimmt hier aber deutlich mehr Zeit von der Uhr. In der gegnerischen Redzone (der Bereich ab der 20-Yard-Linie bis zur Goal Line) geht Team A langsam die Zeit aus und dadurch, dass sie mehr laufen, um die Uhr nicht anzuhalten, gelingt es Team B, ein viertes Down für Team A zu erzeugen. Team A muss nun ein Field Goal kicken und schafft es nicht, einen Touchdown zu erzielen. Der neue Spielstand ist 20 zu 17 für Team A. Allerdings hat Team A es geschafft, die Uhr durch einen beständigen, kontrollierten Drive so weit nach unten zu treiben, dass Team B für den eigenen offensiven Drive jetzt nur noch 19 Sekunden übrig hat. Das ist in der Regel zu wenig für einen offensiven Drive und Team B entschließt sich, kein Risiko einzugehen. Sie knien ab und es geht mit einem Spielstand von 20 zu 17 für Team A in die Halbzeit.

Dieses Beispiel zeigt, dass es manchmal sinnvoller ist, die Uhr zu spielen, selbst wenn es bedeutet, dass man in diesem Drive weniger Punkte einfahren kann. Natürlich ist dies eine Taktik, die von der Qualität der eigenen und gegnerischen Offense sowie beiden Defenses abhängt und nicht in jeder Situation von Vorteil ist.

Ein weiterer Aspekt, um den sich Head Coaches während des Spiels kümmern müssen, ist der der Feldposition. Dabei geht es nicht darum, in welchem Bereich eines Staates oder einer Stadt das Stadion des Teams positioniert ist, sondern darum, die Position der Offense über mehrere Drives des eigenen und gegnerischen Teams auf dem Spielfeld zu verbessern. Auch dafür ein kleines Beispiel:

Team A trifft auf Team B und beide Teams können eine sehr erfolgreiche Defense, aber keine besonders explosive Offense vorweisen. Team A hat nun den Ball an der eigenen 20-Yard-Line und schafft es im eigenen Drive nur fünf Yards nach vorne und entscheidet sich zum Punten. Der Punter schafft es, den Ball von der eigenen 25-Yard-Line an die gegnerische 35-Yard-Line zu punten, wo der Returner von Team B einen Fair Catch durchführt. Team B hat nun noch mehr offensive Probleme als Team A und schafft es nicht, auch nur einen einzigen Yard Raumgewinn zu erzielen. Der Punter von Team B ist genauso gut wie der Punter von Team A und dementsprechend ist Team A nach dem Punt wieder an der eigenen 25-Yard-Line in Ballbesitz. Die ersten beiden Versuche sind unvollständige Pässe, sodass sich Team A jetzt einem dritten Versuch mit noch zehn zu gehenden Yards gegenübersieht. An dieser Stelle gibt es zwei Ansätze. Team A könnte versuchen, das neue First Down zu erreichen. Gegen eine starke Defense mit einer unterdurchschnittlichen Offense wird dies sehr schwer. Es besteht das Risiko einer Interception oder des Yard-Verlusts durch einen Sack, denn die Defense von Team B weiß, dass Team A vermutlich passen wird, um das neue First Down zu erreichen. Der zweite Ansatz wäre der, sich auf die Feldposition zu fokussieren. Häufig greifen Teams hier zu sogenannten Draw-Spielzügen. Dabei handelt es sich um umgedrehte Play-Action-Spielzüge. Statt einen Lauf anzutäuschen und anschließend zu passen, wird hier ein Pass angetäuscht, um anschließend zu laufen. Die Hoffnung dabei ist es, dass die Linebacker den Lauf nicht so schnell identifizieren und Defensive Linemen eventuell in einen Pass-Rush-Modus übergehen. Es ist zwar unwahrscheinlich, durch einen Draw ein neues First Down zu erzielen, aber dafür fällt es vermutlich leichter, noch einmal fünf oder sechs Yards Raumgewinn herauszuarbeiten. Dadurch puntet der Punter von Team A nun von der 30-Yard-Line.

Für Fans ist dieser Ansatz der Feldposition häufig sehr frustrierend und ein Lauf in einer ‚3. & lang'-Situation schon beinahe ein Zeichen dafür, den Drive aufzugeben, aber Head Coaches müssen manchmal dieses langsame, mühsame Spiel spielen, um erfolgreich zu sein.

Verschiedene Spiele benötigen verschiedene Taktiken. Anhand der besprochenen Beispiele lässt sich erkennen, wie viele verschiedene Faktoren Einfluss auf einzelne Entscheidungen haben. Head Coaches müssen an extrem viele verschiedene Dinge gleichzeitig denken und immer den Überblick behalten. Außerdem sind sie natürlich für den offensiven und defensiven Erfolg mitverantwortlich. Gerade in Ligen, die vom Talent her so eng zusammenliegen wie die NFL, sind einzelne Situationen und die Taktiken hinter den Spielentscheidungen der Head Coaches oft der gravierendste Unterschied und sorgen für Sieg oder Niederlage.

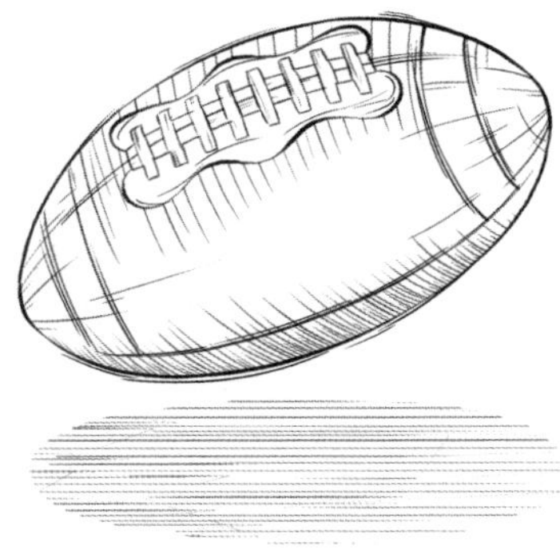

Kapitel 7
Spielerentwicklung und Training

Um sich mit der Entwicklung von Spielern und der damit einhergehenden Trainingsgestaltung auseinandersetzen zu können, muss zunächst geklärt werden, woher Teams ihre Spieler gewinnen. Grundsätzlich lässt sich hier zwischen drei bis vier Levels unterscheiden: NFL, College Football und alle restlichen Bereichte, zum Beispiel Football in Deutschland und Europa. Hier wäre es grundsätzlich noch möglich, zwischen dem Halbprofi/Profi- und dem Amateurbereich zu unterscheiden; für dieses Kapitel sind die Unterschiede jedoch unwesentlich und werden deshalb nicht explizit thematisiert.

Die NFL bezieht fast alle neuen Spieler aus dem NFL Draft. Das Wort wurde hierbei aus dem Militär übernommen, steht jedoch nicht ganz für Einberufung. Stattdessen müssen sich interessierte Spieler für den NFL Draft anmelden. Mit dieser Anmeldung sind sie als eine Auswahlmöglichkeit für die 32 NFL-Teams registriert. Um sich für den NFL Draft anmelden zu können, müssen Spieler mindestens drei Jahre nach ihrem Highschoolabschluss gewartet haben. Die meisten dieser Spieler haben in dieser Zeit an einem College Football gespielt. Ursprünglich war es eine weitere Bedingung, dass man seine erlaubten vier Jahre im College-Football-System absolviert hatte, heutzutage ist dies jedoch nicht mehr der Fall. Jedes Jahr werden dutzenden Spielern, die weniger als vier Jahre am College waren, Anmelderechte ausgesprochen. Diese Draft-Prospects sind somit in der Regel zwischen 20 und 24 Jahre alt, wenn sie in die NFL gewählt werden.

Das System des Drafts basiert auf der Vorjahresleistung der Teams und wurde entwickelt, um (zusammen mit der Gehaltsobergrenze für alle Spieler, dem ‚Salary Cap') für Gleichgewicht in der NFL zu sorgen. Das schlechteste Team der vorherigen Saison darf sich als Erstes einen zum Draft angemeldeten Spieler aussuchen, um das eigene Team zu verstärken. Anschließend ist das zweitschlechteste Team an der Reihe und so geht es immer weiter, bis der amtierende Superbowlsieger sich als 32. Team einen Spieler aussucht. Damit ist die erste Runde beendet und die NFL hat bereits 32 neue Spieler, die gedraftet wurden. Insgesamt gibt es sieben Runden im NFL Draft; im Normalfall sollte also jedes Team sieben sogenannte Picks (also Auswahlmöglichkeiten) haben. Zusätzlich werden jedes Jahr manchen Teams ergänzende Picks gutgeschrieben, die man Kompensationspicks nennt. Dies geschieht, wenn eine Franchise beispielsweise bedeutende Spieler oder Coaches an eine andere Franchise verliert. Auch für das Ausbilden von Personen, die einer Minderheit angehören, bekommen Teams Kompensationspicks gutgeschrieben, wenn diese von einem anderen Team angestellt werden.

Für den Auswahlprozess des NFL Drafts gibt es ganze Abteilungen innerhalb jedes NFL-Teams, die das ganze Jahr nur damit beschäftigt sind, die besten College-Football-Spieler ausfindig zu machen. Teams betrachten hierbei nicht nur die Leistung des Spielers auf dem Feld, sondern durchstöbern seine gesamte Vergangenheit, um zu erfahren, mit was für einer Person sie es zu tun haben. Dafür werden beispielsweise Coaches der entsprechenden Spieler, ihre Kommilitoninnen und Kommilitonen, Mitspieler und Eltern interviewt. In diesem Prozess auftretende charakterliche Probleme können schnell dafür sorgen, dass auch äußerst talentierte Spieler später gedraftet werden, als es ihre Leistung auf dem Feld vermuten ließ.

Wenn Spieler bereits in der NFL sind, dürfen sie getradet werden. Das bedeutet, dass man den Spieler mit seinem Vertrag gegen eine Gegenleistung an eine andere Franchise übergibt. Spieler A kann so also zum Beispiel von den New York Giants zu den Miami Dolphins getradet werden und dafür bekommen die New York Giants Spieler B und C von den Miami Dolphins. Letztendlich handelt es sich dabei also um ein Tauschverfahren. NFL-Teams dürfen dabei auch ihre Draft-Picks der kommenden Jahre handeln. Möchten die Miami Dolphins also unbedingt Spieler A von den New York Giants haben, aber diese haben kein Interesse an irgendeinem Spieler von den Miami Dolphins, so dürfen die Dolphins beispielsweise ihren Pick der ersten Runde des nächstjährigen Drafts als Kompensation für Spieler A anbieten. Nehmen die Giants an, verlieren sie zwar Spieler A, dürfen dafür im nächsten Draft allerdings zwei neue Spieler in der ersten Runde auswählen.

Ein weiterer Weg, wie Spieler, die bereits in der NFL sind, ihr Team wechseln können und Teams sich verstärken, ist die Free Agency. Spieler, die momentan bei keinem Team verpflichtet sind, weil ihr Vertrag abgelaufen ist oder aufgelöst wurde, nennt man Free Agents. Sie können sich Vertragangebote von beliebig vielen Teams einholen und am Ende unterschreiben, wo sie wollen. In der Regel haben sie Agenten, die für sie mit den einzelnen Teams verhandeln.

Im College Football war es bis vor einigen Jahren noch deutlich simpler. Sobald Spieler an einer Universität und damit auch in einem College-Team waren, blieben sie dort für ihre gesamte Karriere. Inzwischen ist dies durch das Transfer-Portal nicht mehr der Fall. Jetzt können Spieler zwischen Saisons und Semestern beliebig ihre Universität wechseln und viele Spieler machen davon, teilweise sogar mehrmals, Gebrauch. College-Football-Teams können sich also durch Spieler, die bereits an anderen Universitäten gespielt haben, verbessern. Der Hauptzuwachs von College-Teams besteht jedoch aus Spielern, die ihre Zeit an der Highschool beendet haben und nun zum Studieren an eine Universität gehen. Die besten Highschool-Football-Spieler werden hier tatsächlich von College-Football-Teams rekrutiert. Coaches kommen zu Spielen der Highschools, treffen sich mit den Eltern des Spielers und versuchen darzustellen, warum ihre Universität die beste Lösung für den entsprechenden Spieler ist. Obwohl hier häufig von akademischen Standards die Rede ist, werden viele dieser Entscheidungen basierend auf den Leistungen auf dem Footballfeld der Universitäten getroffen.

Da College Football in den USA einen riesigen Stellenwert hat, sind selbst College-Football-Spieler bereits absolute Stars. Bis vor kurzer Zeit durften die Spieler allerdings nicht von ihrem Status und ihrer Beliebtheit profitieren. Um zu verhindern, dass Colleges mit vielen Geldgebern dahinter Highschoolspieler mithilfe von angebotenen Werbedeals oder Ähnlichem zu ihrer Universität locken, verbat die NCAA, dass Spieler mit ihrem Namen oder ihrem Bild Geld verdienen konnten. Diese Regel wurde seitdem gekippt und Spieler dürfen sogenannte NIL-Deals (Name, Image, Likeness) abschließen und bereits während ihrer College-Zeit Geld verdienen. Offiziell sollten diese NIL-Deals nach wie vor nichts mit der Auswahl der Universitäten zu tun haben, aber inoffiziell ist dies natürlich der Fall.

Im Teamsportbereich, vor allem in Ländern ohne College-Football-System (also allen Ländern außer den USA, Kanada, Mexiko und Japan), kann man Spieler nicht einfach auswählen. Hier kommt es darauf an, auf welchem Level entsprechende

Teams spielen. In der ELF und GFL sind die wichtigsten Spieler sogenannte Importspieler. Auch dafür gibt es in den jeweiligen Ligen entsprechende Regeln; in der GFL dürfen beispielsweise nur zwei amerikanische Spieler gleichzeitig für ein Team auf dem Feld stehen. Je nach Team besteht ein größerer oder kleinerer Teil der Mannschaft jedoch auch aus lokalen Spielern, also Spielern, die in der entsprechenden Stadt wohnen und nebenbei Football spielen.

In den unteren Ligen bestehen nahezu alle Mannschaften komplett aus diesen lokalen Spielern. In manchen geografischen Bereichen gibt es hier nahezu keinen Konkurrenzkampf und Spieler können froh sein, wenn sie in einer akzeptablen Distanz überhaupt ein American-Football-Team finden. Gerade in den größeren Städten gibt es jedoch Auswahlmöglichkeiten und teilweise mehrere Teams in der gleichen Liga. Dort müssen Teams versuchen, auf potentielle Spieler möglichst attraktiv zu wirken. Dies kann beispielsweise durch ein hochwertiges Teamgelände und einen gut gepflegten Platz oder ein hochqualifiziertes Trainerteam geschehen.

Das Training unterscheidet sich in diesen drei bis vier Levels natürlich vor allem durch das Volumen. College- und Highschool-Teams müssen einen Weg finden, die akademischen Anforderungen nicht zu überschatten, können aber trotzdem darauf bauen, ihre Athleten jeden Tag vor Ort zu haben. Es ist hier nicht unüblich, teilweise sogar mehrmals an einem Tag zu trainieren. NFL-Teams können ihren Trainingsplan so anpassen, wie sie wollen. Jeder, der mit diesem Plan irgendwie in Kontakt kommt, ist ein Profi und muss dementsprechend sein Leben darum planen. Hier bauen Teams heutzutage auf die modernste Trainingswissenschaft und empirische Forschungen, wenn es darum geht, ihre Spieler nicht zu überladen. Im Amateurbereich müssen Wege gefunden werden, Trainingseinheiten so effizient zu gestalten, dass man so wenig wie möglich von der Teilnehmerzahl abhängig ist. Gleichzeitig sehen sich kleinere Mannschaften oft vor Herausforderungen gestellt, wenn es darum geht, fähige Coaches aufzutreiben.

Grundsätzlich sind Football-Trainingseinheiten auf jedem Level sehr strukturiert. In der Regel gibt es ein gemeinsames Warm-up und anschließende Einheiten, darunter manche für das gesamte Team und andere für bestimmte Positionsgruppen. Grundsätzlich gibt es Offense-gegen-Defense-Phasen, die unterschiedlich gestaltet werden können. Hier gibt es teilweise Phasen, in denen einzelne Positionsgruppen gegeneinander antreten. Man kann zum Beispiel einen Receiver eine bestimmte Route gegen einen Cornerback laufen oder einen Defensive Lineman gegen einen Offensive Lineman antreten lassen.

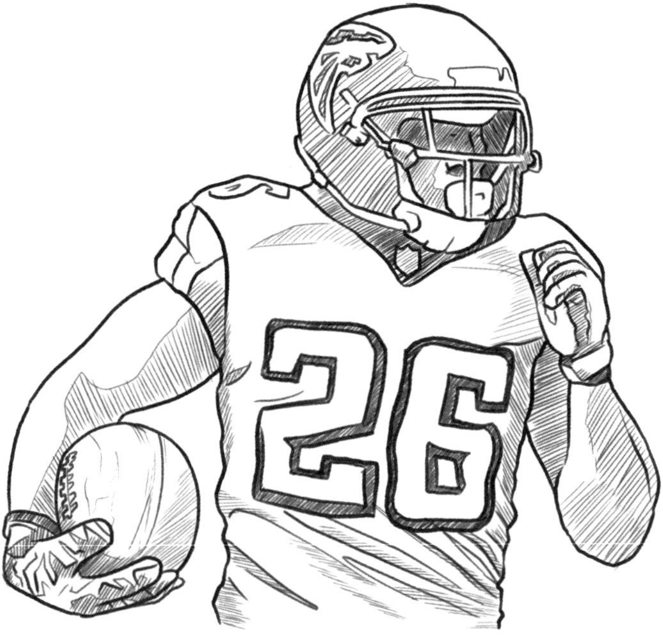

Oft ist auch von sogenannten ‚Scout-Teams' die Rede. Das bedeutet, dass die Offense oder Defense die jeweilige Einheit des nächsten Gegners imitiert. Trifft die eigene Offense im nächsten Spiel beispielsweise auf eine Defense, die sehr viel blitzt, bekommt die Scout-Defense im Training genau diesen Auftrag: viel blitzen. In den höheren Levels werden Scout-Teams mit Wechselspielern gefüllt, in den unteren Ligen sind dafür häufig nicht genug Spieler vorhanden.

Der größte Unterschied in der Gestaltung der Trainingseinheiten liegt in den sogenannten ‚Individuals'. So nennt man die Phasen des Trainings, in denen Positionsgruppen für sich alleine trainieren. So trainieren die Running Backs beispielsweise alle zusammen in ihrer Gruppe mit dem Running-Back-Coach. In den höheren Leveln wie der NFL und dem College Football wird davon ausgegangen, dass die Spieler die Basisgrundlagen ihrer Position bereits beherrschen, und es werden hauptsächlich Kleinigkeiten perfektioniert. Im Amateurbereich kommt es sehr darauf an, wie viele Coaches das Team zur Verfügung hat und wie erfahren die Spieler bereits sind. Oft ist es hier eine Herausforderung für die Trainer, Training für Spieler mit extrem verschiedenen Levels zu planen. Auf der einen Seite möchte man anspruchsvolle Übungen für den Spieler integrieren, der bereits seit fünf Jahren Football spielt und topfit ist, auf der anderen Seite hat man eventuell einen neuen Spieler in der Positionsgruppe, der mit dem Sport gerade erst begonnen hat.

Grundsätzlich hat sich das Training im Profibereich innerhalb der letzten Jahrzehnte immer mehr zu einer wissenschaftlich basierten Gestaltung entwickelt. Natürlich sieht man hin und wieder noch Old-School-Coaches wie den ehemaligen Offensive Line Coach der Cleveland Browns, Bob Wylie. In einer Folge der Dokumentationsserie *Hard Knocks* vertrat dieser beispielweise die Meinung, dass Dehnen überflüssig sei. Die Logik hinter seiner Annahme war, dass sich die amerikanischen Soldaten im Ersten und Zweiten Weltkrieg lediglich durch Liegestütze, Hampelmänner, Sit-ups, Seilklettern und Läufe fit hielten und trotzdem zwei Weltkriege gewonnen hätten. Doch diese Coaches bilden inzwischen die Ausnahme, zumindest im Profibereich.

In Europa kommt es sehr darauf an, auf welchem Level und auch in welchem Team man spielt. Hier gibt es sowohl Coaches, die sich ständig fortbilden und in vielerlei Hinsicht auf dem neusten Stand sind (hier hatte ich mit meinen bisherigen Coaches als aktiver Spieler viel Glück), als auch Coaches, die Techniken und Nuancen coachen, „weil wir das schon immer so gemacht haben". Dies ist für manche Coaches ein klassischen Totschlagargument. Gerade in der Position als Spieler kann man dieser Aussage nicht viel entgegensetzen. Tatsächlich gibt es jedoch einige Techniken und Besonderheiten, die sich in den letzten Jahren und Jahrzehnten als nicht hilfreich herausgestellt haben oder sie von Spieler zu Spieler betrachtet werden müssen. Hierfür ein Beispiel:

Ein klassischer Running Back Stance (also seine Körperhaltung in der Erwartung des Snaps kurz vor Beginn des Spielzugs) sieht vor, dass beide Füße parallel zueinander auf dem Boden stehen. Beginnt der Spielzug, bewegt sich der Running Back sowohl bei Plays, bei denen er blocken muss, als auch bei welchen, bei denen er den Ball bekommt, zuerst nach vorne. Viele Spieler führen hier instinktiv eine Art ‚Dropstep' aus. Anstatt also zuerst einen der beiden Füße direkt nach vorne zu setzen, setzen sie einen Fuß hinter ihrer bisherigen Standfläche auf, während sie den anderen in die Luft nehmen. Sie *springen* quasi mit einem Fuß ein Stück nach hinten, um die Sprintbewegung nach vorne zu initiieren. Im Football wird dieser Schritt häufig als ‚False Step', also falscher Schritt bezeichnet. Die Logik dahinter ist durchaus einleuchtend: Wieso sollte eine Bewegung nach vorne mit einem Schritt nach hinten eingeleitet werden? Die Frage, die sich viele Athleten und Coaches über die Jahre gestellt haben müssen, ist aber: Wenn es so eine unlogische Bewegung ist, wieso ist sie dann für viele Spieler so instinktiv? Wieso fühlen sich Spieler, die zu einem Schritt nach vorne umtrainiert werden, dadurch häufig langsamer und weniger explosiv?

Um eine Antwort darauf zu finden, müssen wir uns zunächst die Mechanik der Fortbewegung und folglich auch des Sprintens vor Augen führen. Menschen befinden sich im Gleichgewicht und können aufrecht stehen, indem sie ihren Massenmittelpunkt in einem Bereich innerhalb ihrer Unterstützungsfläche (auch BOS, Base of Support) halten. Einfacher ausgedrückt befindet sich der Massenmittelpunkt immer zwischen Gliedmaßen, mit denen wir uns stützen. Stehen wir mit zwei Füßen auf dem Boden, ist unser Massenmittelpunkt in einer geraden Linie irgendwo zwischen unseren beiden Füßen. Stützen wir uns zusätzlich mit einer Hand auf dem Boden ab, ist unser Massenmittelpunkt nun in einer geraden Linie irgendwo zwischen unseren beiden Füßen und der abstützenden Hand. Bewegung wird nun eingeleitet, indem wir unseren Massenmittelpunkt aus dem Bereich der Unterstützungsfläche verschieben. Steht man mit zwei Füßen auf dem Boden und lehnt sich nach vorne, kippt man irgendwann um, weil der Massenmittelpunkt nicht mehr innerhalb der Unterstützungsfläche liegt. Um dies zu verhindern, setzt man einen Fuß nach vorne und fängt sich ab. Der Massenmittelpunkt ist nun wieder in einer geraden Linie zwischen unseren beiden Füßen. Tut man dies in einer kontinuierlichen Bewegung, bewegt man sich vorwärts, man läuft. Letztendlich handelt es sich beim Laufen und Sprinten also nur um ein permanentes Umfallen, das durch weitere Schritte aufgefangen wird.

Jetzt, wo wir wissen, wie Bewegung mechanisch stattfindet und initiiert wird, wissen wir auch, dass es zwei Möglichkeiten gibt, einen Laufstart aus einer Haltung mit parallelen Füßen zu bewirken.

Die erste Option besteht darin, den Massenmittelpunkt vor die Unterstützungsfläche zu verschieben. Dafür muss der Athlet seinen Körper nach vorne schieben, bevor er seinen ersten Schritt nach vorne setzen kann. Coaches reden hier häufig davon, die Hüfte fallen zu lassen, um das Gewicht schneller nach vorne verlagern zu können.

Die zweite Option ist der sogenannte ‚False Step'. Hier findet die Initiierung der Laufbewegung andersherum statt. Statt den Massenmittelpunkt zu verschieben, wird hier die Unterstützungsfläche manipuliert, indem ein Fuß explosiv nach hinten gesetzt wird, während der andere angehoben wird. Gleichzeitig findet ein wichtiger Prozess in den Muskeln der Wade statt, der als ‚Stretch Reflex' bekannt ist. Hierbei handelt es sich um einen monosynaptischen Reflex eines Muskels, der durch einen kurzen Stretch des Muskels beziehungsweise einer Sehne ausgelöst wird. Durch das Zurücksetzen des Fußes wird die Achillessehne kurzzeitig gedehnt, was den Stretch-Reflex auslöst. Dieser dient unter anderem dazu, ein Überdehnen des Muskels zu verhindern, und hat zwei Effekte: Er verursacht eine Aktivierung des Agonisten (handelnder Muskel) und hemmt gleichzeitig den Antagonisten (gegengesetzter Muskel). Dies sorgt für verstärkte Aktivierung der Wadenmuskulatur und dadurch erhöhte Explosivität. Es ist in etwa vergleichbar mit einer Feder, die gespannt wird und danach in die Länge schnellt.

Die Debatte um den sogenannten ‚False Step' war seit den 2000er Jahren die Grundlage für viele wissenschaftliche Studien, darunter zum Beispiel Cronin et al. (2007), Johnson et al. (2010), Frost & Cronin (2011), LeDune et al. (2012), Cusick et al. (2014), Knudsen & Andersen (2017) und Schwenzfeier et al. (2020). Alle diese Studien verglichen verschiedene Startmöglichkeiten aus einem parallelen Start und manche davon bezogen sich sogar direkt auf den Start im American Football. Diese Studien, die in den meisten Fällen an Athleten durchgeführt wurden, die zu einem Start ohne ‚False Step' trainiert wurden, haben sich teilweise auf unterschiedliche Aspekte fokussiert, kamen aber alle zum gleichen Ergebnis: Der sogenannte ‚False Start' ist nicht weniger explosiv als der Start ohne Schritt nach hinten. Ganz im Gegenteil: Der fälschlich betitelte ‚False Step' ist nachweislich explosiver und die unbestreitbar schnellere Startoption.

Einige der Studien untersuchten die beiden Startmöglichkeiten in mehrere Kategorien unterteilt. So konnte festgestellt werden, dass der direkte Start nach vorne (in Studien auch Drop-and-go-Start genannt) dem ‚False Step'-Start in einem Aspekt überlegen war: der Startzeit. Diese Startzeit wurde mit dem Zeitpunkt definiert, zu dem die horizontale Kraftübertragung an den Boden zehn Newton überschritt. Hier brauchte der ‚False Step' 50 bis 100 % länger als der Drop-and-go-Start. Allerdings lässt sich in der nächsten Kategorie (Impulszeit) erkennen, wieso die Startzeit als Messwert zu vernachlässigen ist. Die Impulszeit wurde gebildet, indem man das Ende der ersten horizontalen Kraftübertragung an den Boden mit der Startzeit verrechnete. Hier verzeichnete der ‚False Step' Startzeiten um die 0,24 Sekunden, während der Drop-and-go-Start konstant bei über 0,4 Sekunden lag. Obwohl der ‚False Step' also länger braucht, um mit dem ersten Impuls zu beginnen, schließt er diesen deutlich schneller ab. Zusätzlich dazu konnte hier eine deutlich höhere horizontale Krafterzeugung und eine weitere Vorwärtsbewegung des Massenmittelpunkts als beim Drop-and-go-Start festgestellt werden. Studien haben weiterhin festgestellt, dass sich die Auswahl des Startverfahrens nur auf die ersten fünf Meter eines Sprints auswirkt. Für den Anwendungsbereich unseres Beispiels ist natürlich sowieso nur der Start von Bedeutung. Innerhalb dieser fünf

Meter konnten Studien eine große Verringerung der benötigten Zeit und eine signifikant erhöhte durchschnittliche Geschwindigkeit feststellen. Die von Schwenzfeier et al. 2020 durchgeführte Studie zeigte, dass der Massenmittelpunkt durch einen ‚False Step'-Start eine deutlich höhere unmittelbare Geschwindigkeit ausweist als bei einem Start mit einem Vorwärtsschritt. Die getesteten Athleten benötigten hier für die ersten fünf Meter des Sprints durchschnittlich 0,22 Sekunden weniger, wenn sie die ‚False Step'-Technik benutzten. Dieser Vorsprung wurde über die restlichen Meter gehalten, was einen negativen Effekt der Starttechnik für den späteren Teil des Sprints ausschließt.

All diese Studien haben also zweifelsohne bewiesen, dass es sich bei der fälschlicherweise als ‚False Step' bezeichneten Technik um einen explosiveren Start handelt, als er bei Techniken zu finden ist, bei denen die erste Bewegung nach vorne stattfindet.

Ich möchte mit dieser Argumentation keinesfalls Coaches oder Spieler dazu überreden, nur noch den ‚False Step' zu coachen und trainieren. Vielmehr geht es mir darum, nicht auf Techniken und Coaching-Punkte zu vertrauen, die mit dem Argument der Gewohnheit präsentiert werden. Sportwissenschaftliche Untersuchungen sind heute zugänglicher denn je zuvor. Gleichzeitig ist es in vielen Situationen das Beste, sich auf die Instinkte des Körpers des Athleten zu verlassen. Bewegt sich ein Spieler nicht so, wie der Coach es gerne hätte, ist es meiner Meinung nach die beste Strategie, verschiedene Bewegungsmechaniken auszuprobieren und danach mit dem Spieler gemeinsam zu besprechen, welche Erfahrungen er bei den einzelnen Techniken gemacht hat. Danach lässt sich besser abwägen, ob es sich lohnt, ganze Bewegungsmuster umzustellen. Aussagen wie „Wir machen das so, weil wir das schon immer so gemacht haben" können heutzutage nicht mehr gut genug sein.

Des Weiteren gibt es Coaching-Punkte, die auf dem höchsten Level durchaus von Bedeutung sind, auf den unteren Levels jedoch nicht blind wiederholt werden sollten, ohne die Logik dahinter zu verstehen. Mein Lieblingsbeispiel dafür ist die oft zitierte Regel: „Spring nicht, um den Ball zu fangen, wenn du ihn auch ohne zu springen erreichen kannst." Der von Coaches oft genannte primäre Grund dafür, das Springen zu unterlassen, ist, dass man ansonsten keinen Bodenkontakt hat, falls man von einem defensiven Spieler attackiert wird, während man den Ball fängt. Dieser Punkt ist auf jedem Level von absolut zu vernachlässigender Bedeutung. Wenn man sich nicht auf den Kontakt vorbereiten kann, ist es herrlich wenig relevant, ob man zum Zeitpunkt des Hits Bodenkontakt hat oder nicht. Eine normale Laufbewegung verankert einen nicht im Boden. Für die unteren Extremitäten kann es sogar günstiger sein, während des Aufpralls eines gegnerischen Spielers nirgendwo mit den Füßen festhängen zu können.

Der zweite, deutlich wichtigere Grund, aus dem man es nach Möglichkeit vermeiden sollte, zu springen, um einen Ball zu fangen, ist, dass man nach dem erfolgreichen Fangen direkt einen Richtungswechsel oder Ähnliches durchführen kann, wenn man seinen Laufrhythmus nicht unterbrochen hat. Es ist so also einfacher, Gegnern auszuweichen oder die Richtung schnell zu ändern, um einen Bereich mit vielen Gegenspielern zu umlaufen. Springt man ab, um den Ball zu fangen, muss man erst landen, bevor es möglich ist, erneute Richtungswechsel oder Ähnliches vorzunehmen.

Nun zu dem Grund, aus dem Spieler oft instinktiv springen, um einen Ball während des Laufens zu fangen. Um einen Football zu fangen, benötigt es ein gewisses Maß an Konzentration und Hand-Augen-Koordination. Gerade der Punkt der Konzentration ist nun von essenzieller Bedeutung. Auch wenn ein Anteil der

Konzentration gewollt aktiviert und gezielt werden kann, findet hier viel unterbewusst statt. Unser Gehirn muss sich auf mehrere Sachen gleichzeitig konzentrieren und auch wenn das Laufen ein alltäglicher Bestandteil des täglichen Lebens ist, beansprucht es doch einen bedeutenden Teil der zur Verfügung stehenden Konzentration. Deshalb ist es oft Instinkt, die restliche Bewegung des Körpers so ruhig wie möglich zu stellen, wenn man dazu ansetzt, einen Ball zu fangen. Befindet sich der Körper im Sprung, kann er stillgehalten werden, was die für das Gehirn zu berechnenden Variablen begrenzt. Gleichzeitig bleibt auch der Kopf still und bewegt sich nicht, wie beim Laufen üblich, auf und ab. Das wiederum hilft der Hand-Augen-Koordination beachtlich.

Natürlich ist auch noch zu unterscheiden, auf welche Art der entsprechende Spieler springt. Handelt es sich nur um einen kleinen Sprung, um keine Schritte setzen zu müssen, ist hier kein großer Geschwindigkeits- und Agilitätsverlust zu erwarten. Hält ein Spieler jedoch aus vollem Lauf an und springt auf der Stelle in die Luft, um den Ball mit dem Körper statt mit den Händen fangen zu können, kann sich hieraus durchaus ein Nachteil entwickeln.

Zum Schluss gilt es, gerade auf den unteren Leveln auch die Vor- und Nachteile abzuwiegen. Hat ein Spieler grundsätzlich Probleme damit, den Ball im Laufen zu fangen, und hat durch seine instinktiven Sprünge eine deutlich höhere Fangquote, ist es nicht sinnvoll, ihm seine Sprünge zu verbieten oder abzutrainieren. Hier ist es deutlich wichtiger, dass dieser Spieler den Ball überhaupt fängt, und die dadurch entstehenden Hundertstelsekunden, die er verliert, sind zu vernachlässigen.

Dieser Punkt soll klarstellen, dass es auch nicht ausreichen kann, auf dem wissenschaftlich neusten Stand zu sein und auf Techniken und Erkenntnissen zu beharren, ohne den spezifischen Fall individuell zu betrachten.

Gerade durch das System der Gehaltsobergrenze für Teams ist es in der NFL – vielleicht mehr als in vielen anderen Profiligen und Sportarten der Welt – wichtig, Spieler zu entwickeln. Es ist für Teams nahezu unmöglich, sich einfach mit den besten Spielern zu versorgen. Ein strukturiertes, individuell angepasstes Training mit optimaler medizinischer und trainingswissenschaftlicher Unterstützung ist also ebenso wichtig wie eine funktionierende Scouting-Abteilung, die die besten Talente der Zukunft ausfindig macht. Verfügt ein Team nur über einen der beiden Aspekte, entsteht ihm ein deutlicher Nachteil gegenüber den anderen Teams der Liga.

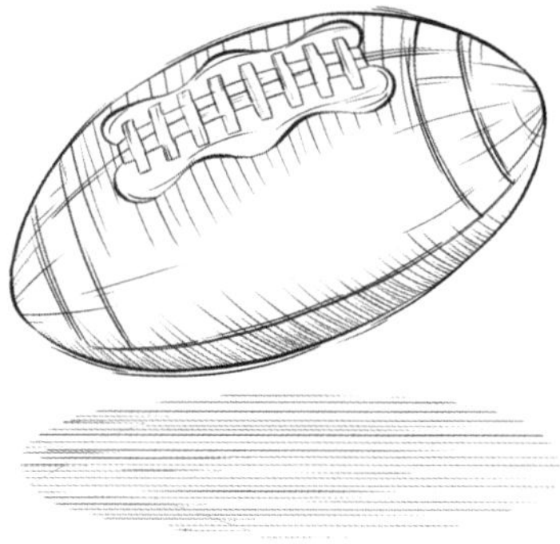

Kapitel 8

Kultur der NFL und des College Footballs

American Football ist *die* amerikanische Sportart schlechthin. Selbst die Einschaltquoten normaler Spiele der Regular Season toppen teilweise die der „National Basketball Association Finals“ oder der „Major League Baseball World Series“. Der Zuschauerrekord übertrifft die der nächsten großen Sportarten fast um das Dreifache. Die geringe Spielanzahl einer Saison und das K.-o.-System der Playoffs sind hier nur Teilgründe dafür, warum fast 40 % der Amerikaner bei einer Umfrage im Dezember 2017 angaben, dass American Football ihr Lieblingssport ist. Die NFL hält den Rekord für die durchschnittlich meisten Zuschauer in den Stadien und gilt als Profisportliga mit den meisten jährlichen Einnahmen.

Innerhalb der letzten Jahre nimmt die Beliebtheit des Sports und der NFL auch weltweit immer mehr zu. Obwohl die internationale Zuschauerschaft über die letzten Jahrzehnte sowieso schon rasant zugenommen hat, beginnt die NFL immer mehr, ihren Markt aktiv zu erweitern. 2023 fanden fünf Spiele außerhalb der USA statt, drei in London und zwei in Frankfurt.

Der einzige Grund, aus dem es nicht noch ein zusätzliches Spiel in Mexiko gab, waren die Renovierungsarbeiten am Estadio Azteca.

Während das Interesse weltweit wächst, bleibt in den USA bestehen, was schon seit mehreren Dekaden Tradition hat: Familien treffen sich zum gemeinschaftlichen Football-Gucken am Sonntag oder fahren zusammen ins Stadion. Während im europäischen Fußball weiterhin die Ultra-Fan- und Hooligan-Szene die Außenwahrnehmung dominiert, herrscht in den Zuschauerrängen des American Football eine harmonischere und sportfokussiertere Stimmung. Hier gibt es zum Beispiel keine wirklichen Heim- und Gästeblocks, sondern Karten stehen, sofern die Plätze nicht für Saisonkarteninhaber vorgesehen sind, zum freien Verkauf. So sieht man bei jedem Spiel eine bunte Mischung aus Heim- und Auswärtsteamfans, die das Aufeinandertreffen ihrer favorisierten Teams gemeinsam verfolgen. Natürlich fliegen hier und da mal ein paar Sprüche, aber insgesamt kann man sich als Auswärtsfan in den Stadien der NFL durchaus sicher fühlen.

Auch beim sogenannten ‚Tailgating' finden sich unter den vielen Heimfans stets neutrale Zuschauer oder von weither angereiste Fans der Gastmannschaft. Das ‚Tailgating' ist eine uralte Tradition des American Footballs und eine Art von Feier vor dem Spiel. Hierbei treffen sich Fans meist auf dem Parkplatz vor dem Stadion und verbringen gemeinsam Zeit, grillen, trinken und spielen Gesellschaftsspiele.

Noch intensiver wird diese Tradition vermutlich beim College Football ausgeübt, da es sich hier auch bei einer hohen Prozentzahl der Zuschauer um Studenten handelt. Die Stimmung bei College-Football-Spielen ist zumeist noch aufgeladener als in der NFL. Grund hierfür ist unter anderem, dass es im

College Football noch echte Rivalitäten zwischen Universitäten gibt. In der Regel ist der Grund für diese Antipathie entweder eine geringe Entfernung zwischen den Campus zweier Colleges oder die Geschichte, die zwei Teams seit langer Zeit miteinander verbindet. Viele Beispiele zwischen Rivalitäten, die aus der örtlichen Nähe zueinander entstanden sind, lassen sich ganz einfach finden, indem man Universitäten mit Namen sucht, die sich nur durch ‚State' unterscheiden. Hier wären zum Beispiel ‚Florida' und ‚Florida State', ‚Oregon' und ‚Oregon State' oder ‚North Carolina' und ‚North Carolina State' zu nennen. Deswegen ist es immer wichtig, den ‚State'-Part eines Namens mitzusprechen, um eine Universität nicht beim Namen des größten Rivalen zu nennen. Eine der bedeutendsten Rivalitäten, die nicht aus der Nähe zueinander, sondern aus der gemeinsamen Geschichte und vielen Spielen gegeneinander entstanden ist, ist die zwischen USC und Notre Dame.

Richtige Rivalitäten gibt es in der NFL nicht mehr wirklich. Klar sind die Spiele gegen die drei Teams aus der eigenen Division besonders wichtig, aber heutzutage sind die Einzigen, die noch wirklich von Rivalen reden und denken, die Fans der Teams. Früher konnten sich Spieler rivalisierender Teams offen nicht leiden und machten dies auch vor, in und nach den Spielen deutlich. Inzwischen sind sich Spieler bewusst, dass sie ihren eigenen Marktwert vertreten und mitbestimmen können. Dafür ist es vielen von ihnen wichtig, es sich mit keiner Fangruppe oder sogar Führungsetage eines Teams zu verscherzen. Negative Aussagen gegen „Rivalenteams" werden demnach größtenteils vermieden.

Auch dadurch entstand die heute größtenteils idyllische Stimmung rund um den American Football. Der Stand als Sport-Event für die ganze Familie lässt sich zum Beispiel am klassischen Thanksgiving-Ablauf erkennen. Seit vielen Jahren ist es in den USA in den meisten Haushalten Tradition, zu Thanksgiving die Familie zu versammeln, gemeinsam Football zu gucken und die typischen Thanksgiving-Gerichte rund um den Truthahn zu genießen. In vielen Vororten wird nach dem Essen gemeinsam im Garten Football gespielt, mal mit wenigen, mal mit gar keinen Regeln. Väter, Mütter, Töchter, Söhne, Cousinen, Onkel, Tanten und teilweise sogar Großeltern können alle miteinander spielen und gemeinsam Spaß haben.

Das ist American Football.

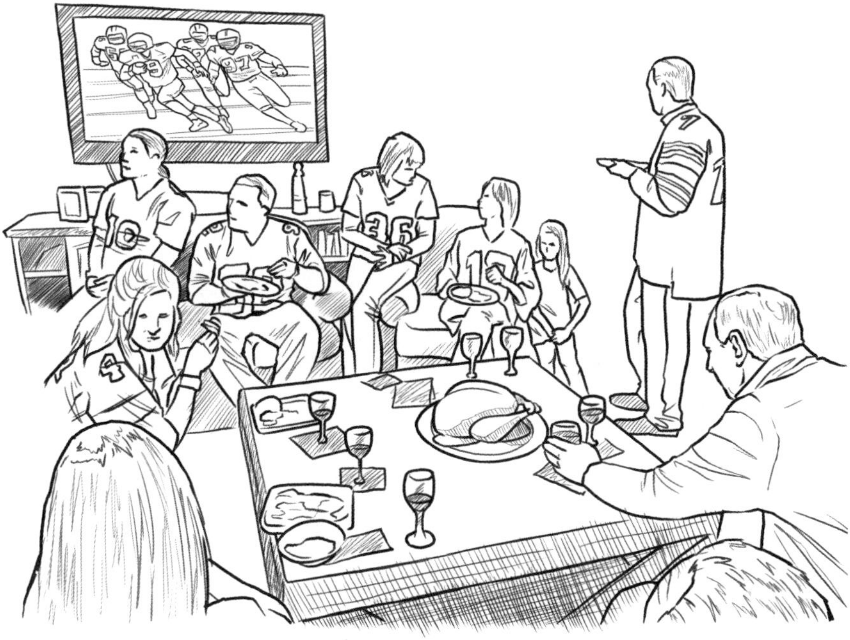

Auch in Deutschland haben sich diese Thanksgiving-Traditionen inzwischen in den begeistertsten Fankreisen etabliert. Durch den Zeitunterschied nehmen die deutschen Football-Thanksgiving-Tage jedoch eine andere Gestalt an. Trotzdem geht es in der Regel auch um Essen und das Beisammensein; das Ganze findet lediglich am Abend statt am Mittag des Tages statt. Es wird spannend bleiben, zu sehen, wie sich die hierzulande jungen Traditionen über die nächsten Jahre noch anpassen und entwickeln werden. Denn eines ist klar: American Football ist auch in Deutschland nicht mehr wegzudenken.

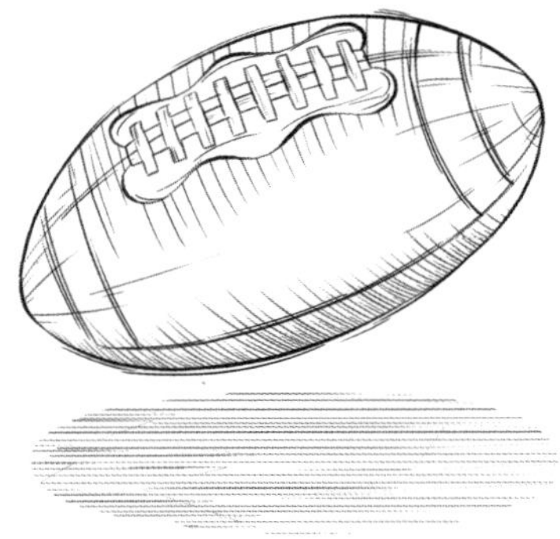

Danksagung

Ich möchte zunächst meinen Dank gegenüber dem Eulogia Verlag und dessen Redaktion aussprechen, ohne deren Initiative ich nicht darauf gekommen wäre, dass die Veröffentlichung eines Buches für mich möglich ist. Des Weiteren bedanke ich mich bei meiner Lektorin für die schnellen Antworten sowie die wichtigen Hinweise und Anregungen.

Ein weiterer Dank gilt allen Zuschauern, Abonnenten und Mitgliedern des ‚JDs Overtime'-YouTube-Kanals die mir eine Bühne bieten, mich täglich mit meinem Lieblingsthema auseinanderzusetzen, und mir die Möglichkeit gaben, dies zu einer Karriere zu entwickeln.

Ein besonderer Dank geht auch an alle jetzigen und ehemaligen Mitspieler, die mir mit ihren Spielerfahrungen weiterhelfen konnten, und meinen Coaches, vor allem Coach Ben und Coach Denis.

Zuletzt möchte ich noch den Menschen meinen Dank aussprechen, die mir am nächsten sind. Danke an meine Eltern für ihre grenzenlose Geduld, ihr Verständnis, Vertrauen und ihre Unterstützung, ohne die ich schon in den ersten Wochen oder Monaten meines YouTube-Experiments gescheitert wäre. Danke an meinen Bruder Mark für sein offenes Ohr, seine Recherche, wenn es um Brand-Deals geht, und seinen Einfluss, dem ich große Teile meines moralischen Kompasses zu verdanken habe. Danke an meinen besten Freund Fabrice, der seit Jahren meine Tiraden erträgt, wenn es für meine Lieblingsteams nicht so läuft wie gewünscht, und der mich immer wieder motiviert, meinen Zielen nachzugehen.

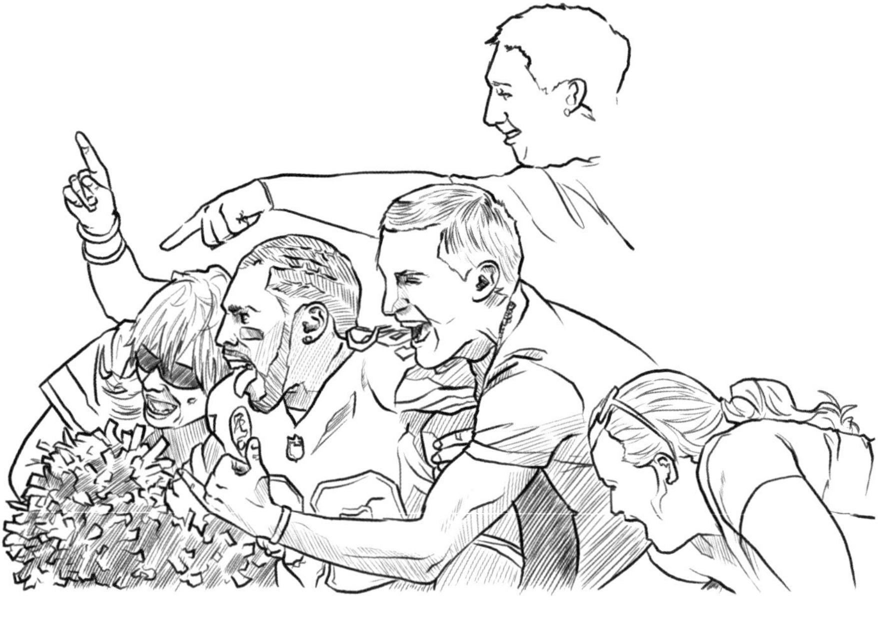

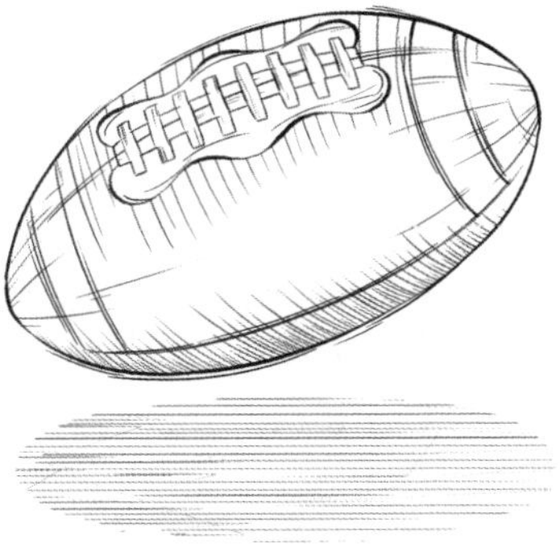

Glossar

ACC Atlantic Coast Conference, eine der fünf großen Verbände/ Ligen im College Football

Aiming Point Ursprünglicher Zielpunkt eines Laufs oder einer Route

All-Pro-Team Die besten Spieler einer Saison werden von Mitgliedern der „Associated Press"-Presseagentur in das All-Pro-Team gewählt

All-Purpose Yards Alle Yards, die durch Rennen, Fangen, Kick-Returns, Punt-Returns, Interception-Returns und Fumble-Returns gesammelt werden

Ball Own Sehr frühe Form des American Football, gespielt in Princeton

BIG 12 Eine der fünf großen Verbände/Ligen im College Football

BIG Ten Eine der fünf großen Verbände/Ligen im College Football

Blitz Eine Taktik, in der mehr defensive Spieler als sonst den gegnerischen Quarterback unter Druck setzen wollen

Bloody Monday Traditionelles Spiel der Freshmen gegen die Sophomores in Harvard

Boundary-Site Die Seite des Feldes, auf der weniger Platz ist (wenn der Ball an der linken Hash liegt, die linke Seite)

Catch Das erfolgreiche Fangen des Balls

Center Mittlerer Offensive Lineman, Spieler, der bei offensiven Plays den Ball ins Spiel bringt und damit das Play beginnt

Concessionary Rules Regelwerk, welches aus Kompromissen der Harvard- und Yale-Regeln entwickelt wurde

Cornerback Defensive Position im American Football

Coverage Deckung

Cut Richtungswechsel des Ballträgers oder innerhalb einer Route

Defense Die Defensivabteilung eines Teams

Defensive Coordinator Der höchstrangige Trainer der Defensivabteilung eines Teams

Defensive End Defensive Position im American Football

Defensive Line Gruppe aus Defensive Tackles und Defensive Ends, steht der Offensive Line gegenüber und ist die vorderste Front der Defensive

Defensive Tackle Defensive Position im American Football

Down Versuch (4 Downs = 4 Versuche)

Draft (NFL) Ursprünglich militärisches Einzugsverfahren, im NFL-Zusammenhang Prozess, bei dem sich NFL-Teams das Recht an Spielern sichern können, die (meist aus dem College) neu in die Liga kommen

Drive Eine Ballbesitzphase

Edge Rusher Die äußersten defensiven Spieler an der Line of Scrimmage (i. d. R. Defensive Ends oder Outside Linebacker)

ELF European League of Football – Europäische Footballliga

Expansionsdraft Auswahlprozess, in dem ein neues NFL-Team Spieler aus bereits bestehenden NFL-Teams wählen darf, um das eigene Team aufzustocken

Fair Catch Signal dafür, dass der Returner den Ball nicht nach vorne tragen will – dafür darf er nicht angegangen werden

Field-Site Die Seite des Feldes, auf der mehr Platz ist (wenn der Ball an der linken Hash liegt, die rechte Seite)

Four-Minute-Offense Modus einer Offense, wenn sie versucht, so viel Zeit wie möglich von der Uhr zu nehmen, weil sie führen und dem gegnerischen Team wenig Zeit lassen wollen

Free Agent Ein vertragloser Spieler

Freshmen Studierende in ihrem ersten Studienjahr

Fumble Ballverlust eines Spielers in Ballbesitz, resultiert in einem freien Ball (Team des Spielers, welcher den Ball als Erstes kontrolliert, bekommt Ballbesitz)

Gaps Lücken (insbesondere zwischen Offensive Linemen)

GFL German Football League – höchste deutsche Footballliga

Goal Posts Stimmgabelähnliche Pfosten an beiden Enden des Spielfeldes

Harvard Crimson Universitätszeitung von Harvard

Hash Marks Markierungslinien auf dem Feld – geben den äußersten Punkt jeder Seite an, an dem der Ball gesnappt werden kann

Highlight-Tape Zusammenschnitt von außergewöhnlichen Spielzügen und besten Momenten einer Karriere/Saison oder eines Spiels

Holder Special-Teams-Position im American Football (oft Ersatz-Quarterback oder Punter des Teams)

Interception Das Abfangen eines Passes von einem defensiven Spieler

Juniors Studierende in ihrem dritten Studienjahr

Kicker Special-Teams-Position im American Football

Kickoff Der ‚Anstoß' eines Spiels, erfolgt zu Beginn jeder Halbzeit und nach Touchdowns oder Field Goals

Line of Scrimmage Imaginäre Linie, die zu Beginn jedes Plays die beiden Teams voneinander trennt

Linebacker Defensive Position im American Football

Long-Snapper Special Teams Position im American Football

Mainstream Massengeschmack oder Massenkultur

MEG Man Everywhere He Goes – klassische Manndeckung

Mob Football Sammelbegriff für viele mittelalterliche Ballsportarten, oft mit uneingeschränkter Teilnehmerzahl

Motion Bewegung eines offensiven Spielers unmittelbar vor dem Snap

MVP Most Valuable Player, Preis und Titel, der dem wertvollsten Spieler einer Saison / eines Spiels verliehen wurde

NCAA National Collegiate Athletic Association, gemeinnützige Organisation, welche die Athletik-Programme an Hochschulen und Universitäten in den USA reguliert

N.I.L.-Deals Werbeverträge, die Spieler durch ihre Berühmtheit als Athleten erlangen (NIL = Name, Image, Likeness)

Offense Die Offensivabteilung eines Teams

Offensive Coordinator Der höchstrangige Trainer der Offensivabteilung eines Teams

Offensive Guard Offensive Lineman, zwischen Center und Offensive Tackle

Offensive Line Gruppe aus (meist) 5 Offensive Linemen

Offensive Lineman Offensive Position im American Football (Left Tackle, Left Guard, Center, Right Guard, Right Tackle)

Offensive Tackle Offensive Lineman, außen neben einem Offensive Guard

Open Receiver Ein ungedeckter Passempfänger

PAC-12 Eine der fünf großen Verbände/Ligen im College Football

Passing Plays Passspielzüge

P.A.T. Point After Touchdown – Möglichkeit, nach einem erfolgreichen Touchdown per Kick einen zusätzlichen Punkt zu erzielen

Play Spielzug

Play-Action-Spielzug Ein Passspielzug, der nach dem Antäuschen eines Laufspielzuges erfolgt

Power Five (Conferences) Die als ‚große Fünf' anerkannten Verbände/ Ligen im College Football (SEC, ACC, BIG TEN, BIG 12, PAC-12)

Pre-Snap-Read Das Entnehmen von Informationen einer Defense/ Offense vor dem Snap

(Draft-)Prospect Ein Spieler (meistens vorheriger College-Spieler), der im NFL-Draft ausgewählt werden kann

Punter Special-Teams-Position im American Football

Quarterback Offensive Position im American Football

Record (Team-Record) Das Sieg-zu-Niederlagen-Verhältnis eines Teams

Regular Season Der Teil einer Saison vor den Playoffs, zurzeit 17 Spiele pro Team

Return Unit Die Einheiten jedes Teams, die dafür zuständig sind, gegnerische Kicks und Punts zu fangen und so weit wie möglich nach vorne zu tragen

Rookie NFL-Spieler in seinem ersten Jahr

RPO Run-Pass-Option – Spielzug mit Option auf Lauf oder Pass

Running Back Offensive Position im American Football

Rushing (Running) Plays Laufspielzüge

Runoff Offensive Taktik, bei der Receiver eine Route in einem Laufspielzug laufen, um ihren Gegenspieler daran zu hindern, in der Verteidigung des Laufspielzuges zu helfen

Sack Wenn der Quarterback mit Ballbesitz hinter der Line of Scrimmage zu Fall gebracht wird

Safety Defensive Position im American Football

(Team-)Safety Das Erzielen von zwei Punkten durch die Defense, indem der gegnerische Ballträger in seiner eigenen Endzone zu Fall gebracht wird oder die Offense in der eigenen Endzone eine Strafe bekommt

Salary Cap Gehaltsobergrenze für alle Spieler eines Teams

Screen Pass Pass hinter der Line of Scrimmage, um den Passempfänger mit Vorblockern in offenes Feld zu schicken

Scrimmage Yards Rushing und Receiving Yards zusammengerechnet

SEC Southeastern Conference, eine der fünf großen Verbände/Ligen im College Football

Seniors Studierende in ihrem vierten Studienjahr

Snap Der Beginn jedes Plays. Der Ball wird durch die Beine des Centers oder Long-Snappers nach hinten geworfen.

Sophomores Studierende in ihrem zweiten Studienjahr

Special Teams Neben Offense und Defense die dritte Abteilung jedes Teams – beinhaltet Kicking und Punting

Stance Die Haltung eines Spielers unmittelbar vor dem Snap

(Route-)Stem Der Stamm einer Route (vertikaler Teil zu Beginn)

Strength-Call Defensiver Call, der die Stärke der offensiven Formation ausruft

Sub-Defense Defense, die einen oder mehrere Spieler der ersten zwei Reihen (Defensive Line und Linebacker) gegen einen oder mehrere zusätzlichen Defensive Backs austauscht

Tackle Bezeichnung dafür, einen Spieler zu Fall zu bringen

Takeaway Ein Turnover der gegnerischen Offense zur eigenen Defense

(Defensive-Line-)Techniques Die Positionierung der Defensive-Line-Spieler im Verhältnis zur Offensive Line

Tight End Offensive Position im American Football

Timeout Auszeit – jedes Team hat drei pro Halbzeit

Touchback Bezeichnung dafür, dass die Offense ohne Return an der 20-Yard-Line (nach einem Punt) oder der 25-Yard-Line (nach einem Kick) startet

Turnover Ein Spielzug der Offense, welcher mit Ballbesitz der gegnerischen Defense endet (meist Interception, Fumble)

Two-Minute-Offense Modus einer Offense, wenn sie den Ball schnell bewegen muss, weil wenig Zeit verbleibt

Two Point Conversion Möglichkeit, nach einem erfolgreichen Touchdown zwei weitere Punkte zu erzielen, indem man mit einem Play erneut die Endzone erreicht

Wide Receiver Offensive Position im American Football

Wild Card Eine Möglichkeit, sich auch ohne den Gewinn der eigenen Division über seinen Regular Season Record für die Playoffs zu qualifizieren

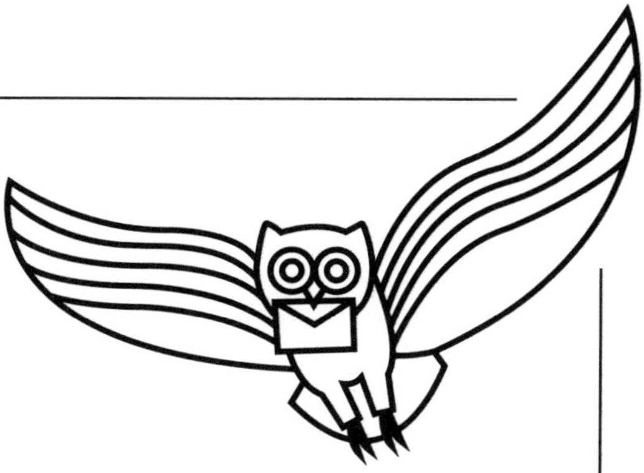

Liebe Leserin, lieber Leser,

hat Ihnen dieses Buch gefallen?
Ihr Feedback, Ihre Anregungen und Ihre Kritik bedeuten uns viel, denn sie helfen uns, unsere Bücher kontinuierlich zu verbessern.

Die Meinung und Zufriedenheit unserer geschätzten Leserinnen und Leser stehen im Mittelpunkt unseres Schaffens. Ihre Gedanken sind uns wichtig.

Zögern Sie daher nicht, uns zu kontaktieren und Ihre Gedanken mit uns zu teilen. Senden Sie uns einfach eine E-Mail an:
feedback@eulogiaverlag.de

Besuchen Sie auch gern unsere Verlagsseite und entdecken Sie weitere spannende Bücher unter:
www.eulogiaverlag.de

Wir sind gespannt auf Ihre Nachricht und freuen uns darauf, von Ihnen zu hören!

Herzlichst
Ihr **Eulogia Verlag**

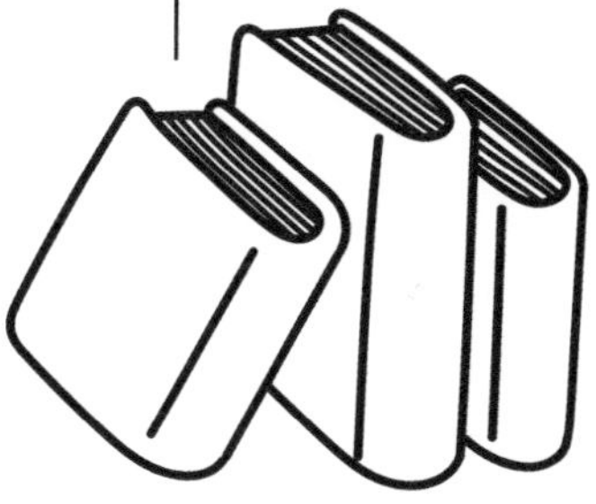